私たちテイルは、
京都・大阪・奈良・愛知を中心に、
お好み焼・鉄板焼「きん太」を
展開しています

お好み焼・鉄板焼
きん太

美味しいものがいつもある

肉入れすぎ豚玉

気持ちいい挨拶と

笑顔のおもてなし

店内はいつもピカピカ

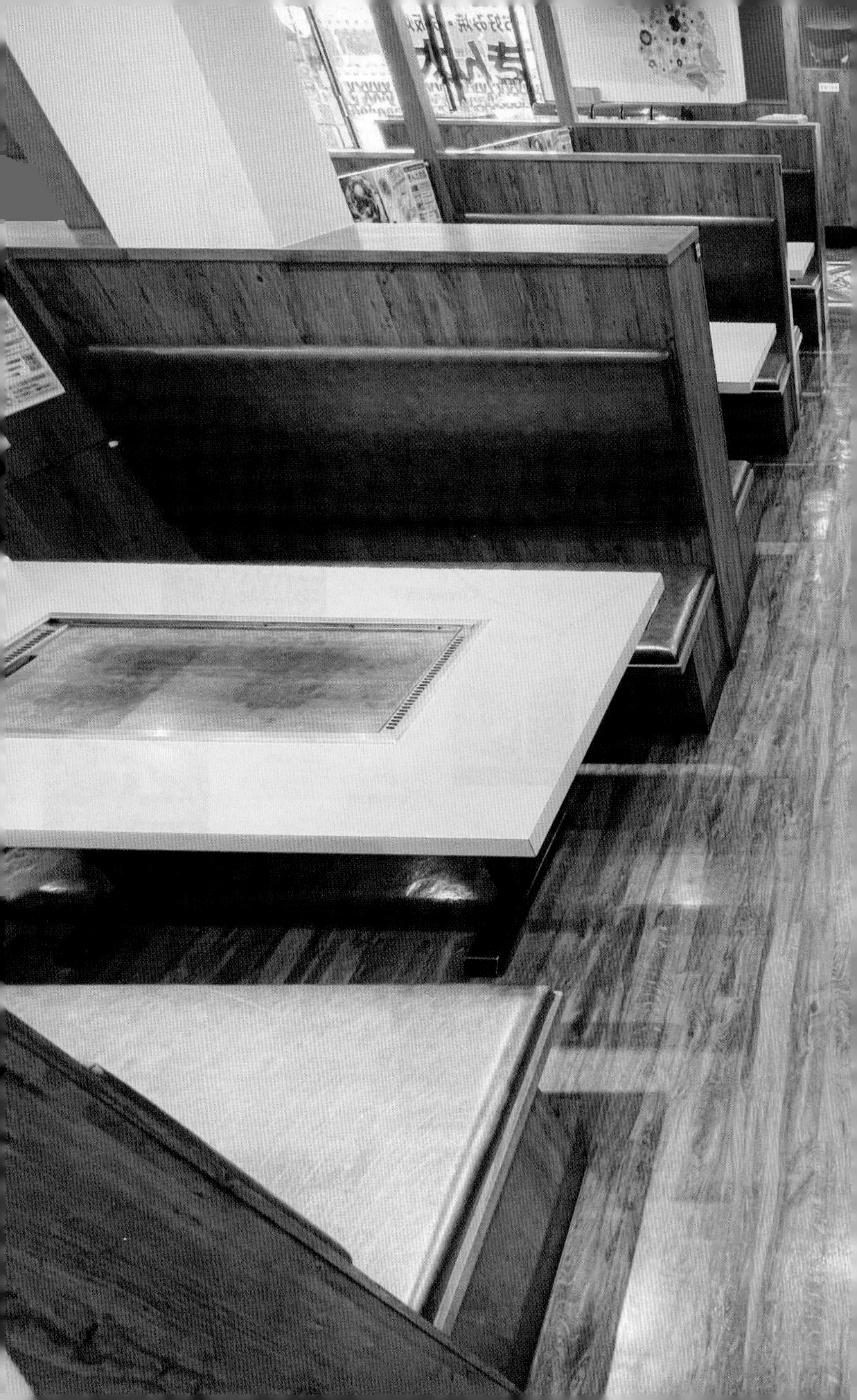

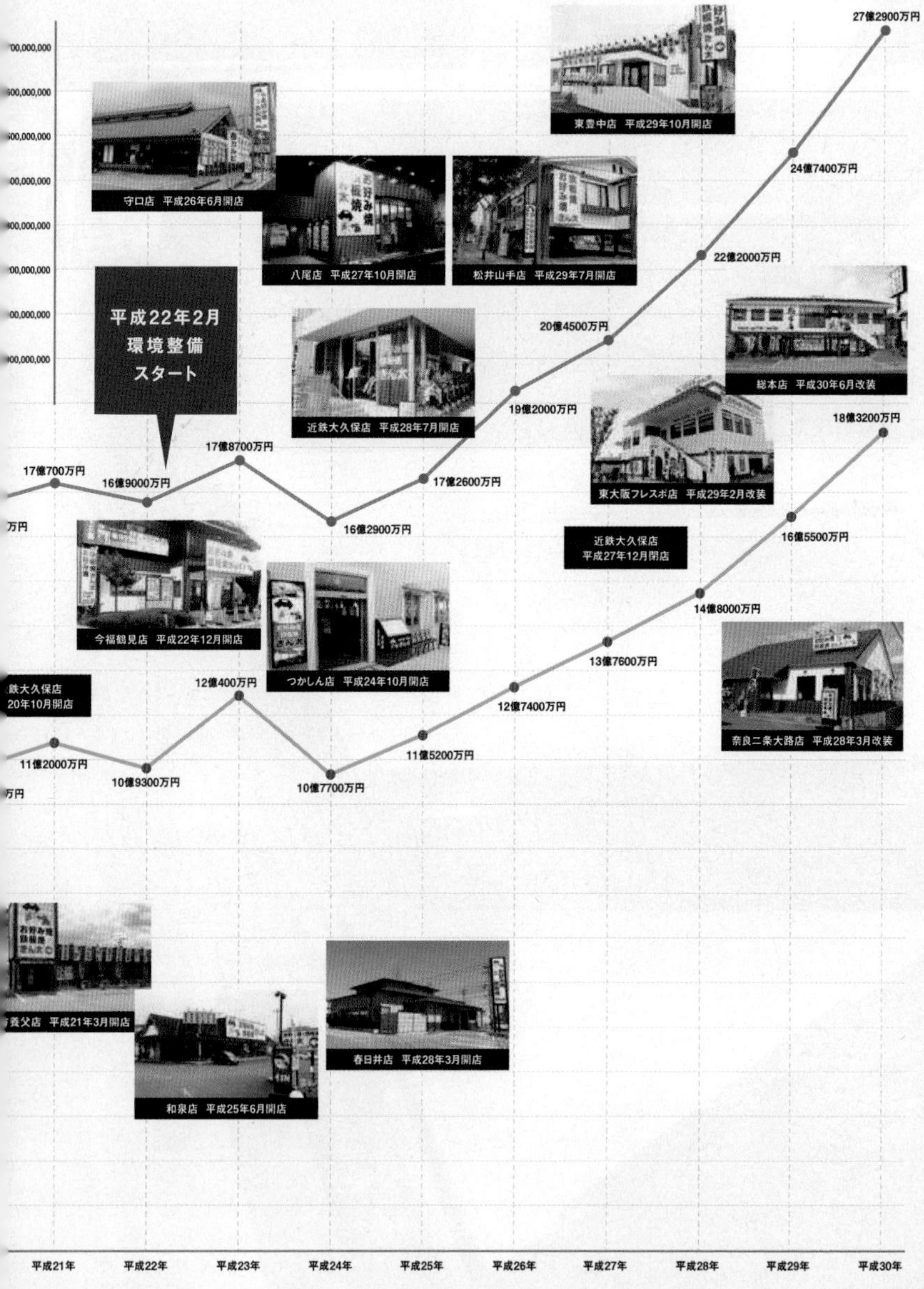
27億2900万円
東豊中店　平成29年10月開店
24億7400万円
守口店　平成26年6月開店
八尾店　平成27年10月開店
松井山手店　平成29年7月開店
22億2000万円
平成22年2月
環境整備
スタート
20億4500万円
総本店　平成30年6月改装
近鉄大久保店　平成28年7月開店
19億2000万円
18億3200万円
17億8700万円
17億700万円
16億9000万円
17億2600万円
東大阪フレスポ店　平成29年2月改装
16億2900万円
近鉄大久保店
平成27年12月開店
16億5500万円
今福鶴見店　平成22年12月開店
14億8000万円
つかしん店　平成24年10月開店
13億7600万円
鉄大久保店
20年10月開店
12億400万円
12億7400万円
奈良二条大路店　平成28年3月改装
11億5200万円
11億2000万円
10億9300万円
10億7700万円
養父店　平成21年3月開店
春日井店　平成28年3月開店
和泉店　平成25年6月開店
平成21年
平成22年
平成23年
平成24年
平成25年
平成26年
平成27年
平成28年
平成29年
平成30年

おかげさまで２０１９年まで
売上は右肩上がり。
業界の常識ではあり得ない、
８年間連続で
既存店売上１００％以上を達成!!

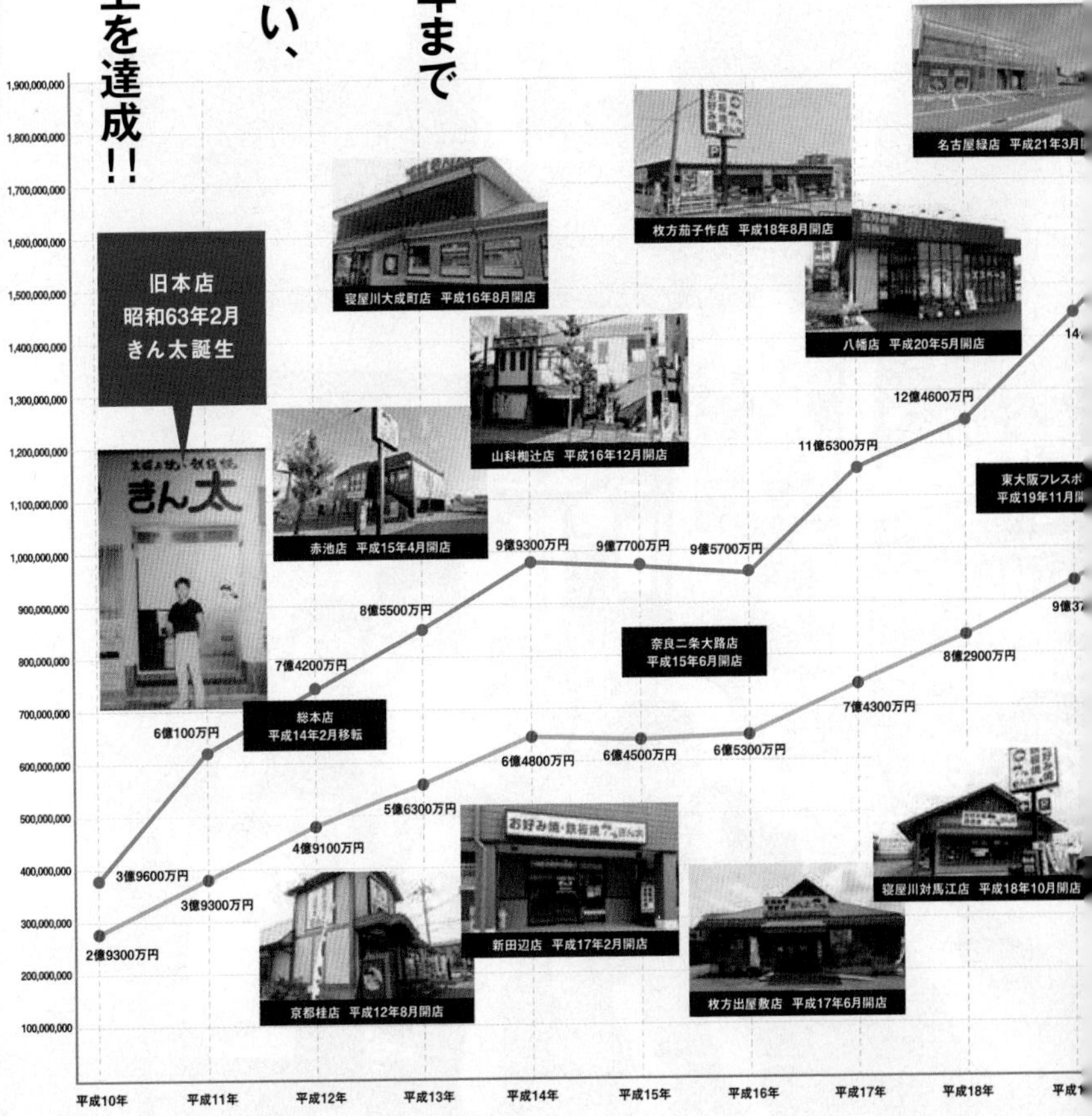

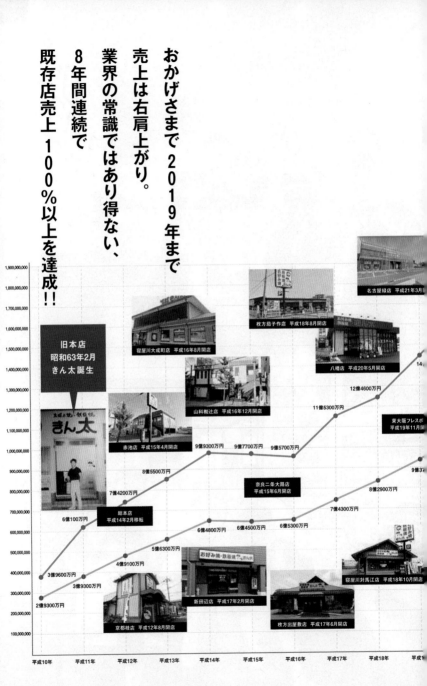

成長を支えるのは「人財」

大満足人気
ランチ 780円
+「きん太」の焼そば
の選べるランチセット
または下記よりお好きなメニューをお選びください
博多
明太チーズの
お好み焼
大阪
カレー焼そば

営業時間11時～24時

「教育の仕組み」

社員、パート、アルバイトが
参加する「スタッフ研修」

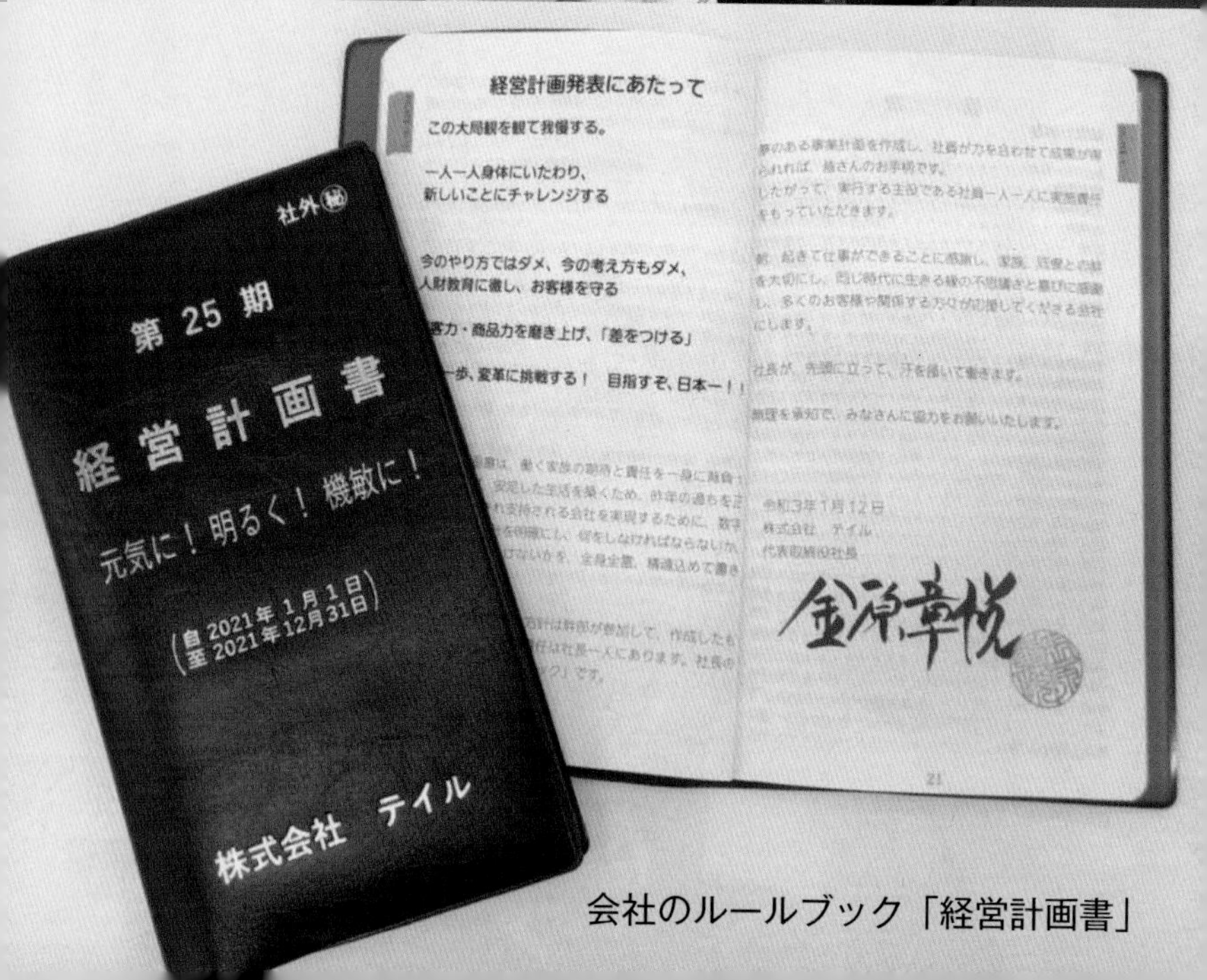

会社のルールブック「経営計画書」

仕事をやりやすくする「環境整備点検」

社内勉強会「金原劇場」

そして「働きやすい仕組み」です

飲みニケーションで
人間関係が円滑に

全社で楽しむ
バーベキュー大会

社内結婚が多く、
産休・育休制度や時短勤務も充実

業界では異例の７日間連続休暇。
社員旅行も好評

日本一働きやすい会社、
日本一のお好み焼屋さんを
目指す、
私たちの取り組みを
紹介します

働きやすい会社の仕組みのつくり方

株式会社テイル代表取締役社長
金原章悦

あさ出版

はじめに

●「きん太」は25店舗で売上27億円

私が社長を務める株式会社テイルは、京都、大阪、奈良、愛知などで、**お好み焼・鉄板焼「きん太」**を展開しています。

1店舗目は、20歳だった私が京都府南部の久御山町《くみやまちょう》に出店しました。1988年2月29日のことです。その3年後には2店舗目・近鉄大久保店をオープン。それ以降、着々と店舗数を増やし、創業から33年経った現在、**関西エリアを中心に25店舗を展開し、売上は27億円以上**をあげるまでになりました（2021年5月現在）。

こうした数字を見ると、多くの人は、創業以来、事業を順調に成長させてきたと思うかもしれません。たしかに、売上や利益だけを見ると、多少の停滞や不調の時期はあったものの、全体としては右肩上がりで成長してきました。

テイル売上・粗利年計表

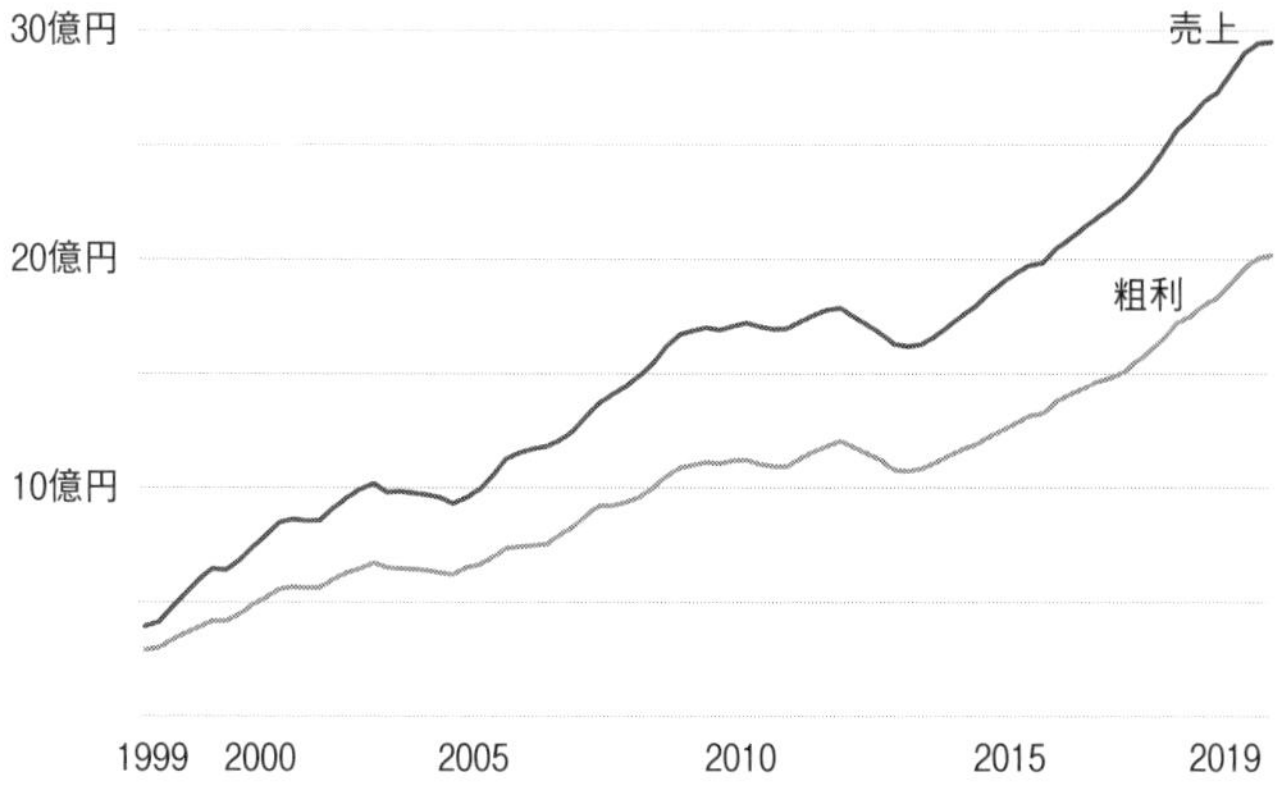

きん太は右肩上がりで成長！
既存店は 8 年連続対前年売上100％以上を達成！

しかし、会社の内情は、ひどい状態でした。

10年前までは、当社はいわゆる**「ブラック企業」**でした。

当時は、労働環境が悪く、公正な人事評価制度も、明確な給与体系・賞与制度もなく、いずれも社長の都合で、私が「鉛筆ナメナメ」をして給与や賞与を決めていました。もちろん、昇給なんてものはありません。何年働こうが、入社したときの給与がその後も変わらず、こうした状態に、社員たちからは「この会社で働いていて、将来はありますか？」と言われる有り様でした。

また、統一的な業務マニュアルもなければ、社員教育なんてものはほとんどなく、店舗運営はすべて各店舗の店長任せ。そのため、接客はいい加減なもの。モラルの低いスタッフが集まりやすい環境で**「無法地帯」**の店もあり、そうした店舗ではスタッフがレジから売上金を盗み、商品の食材を勝手に持ち帰るなど不正だらけでした。内部犯だと思いますが、灯油をまかれ店舗を燃やされたこともあります。

●給料を払うと社員たちが辞めていく

こんな状態ですから、私は給料日になるとビクビクしていました。なぜなら、給料を払うたびに、社員が辞めていくからです。「こんな会社、給料をもらったら、とっとと辞めてやる！」と思われていたわけです。

不安でどうしていいかわかりません。正直、この状況をなんとかしなければいけないという思いはあったものの、20歳で独立し「お店を繁盛店に成長させたい、大きくしていきたい」という思いで店舗運営に邁進《まいしん》したため、「経営」というものがまったくわからなかった。つまり、**お好み焼は焼けても、経営はド素人。会社組織としての体制をどうやって整えていけばいいかわからない**。そこで経営コンサルタントや顧問などを雇いましたが、結果はご想像の通り。社内を混乱させてしまうだけでした。あとでわかったことですが、コンサルタントや顧問もド素人。数字を見て指導するだけで、現実・現物を見てカイゼンすることができなかった人たちでした。

不安の中でさまよいながら、仕事に追われる毎日が続きました。そしてとうとう、心労が体の限界を超え、くも膜下出血で倒れてしまいました。41歳、厄年のときのことでした。

●社長が変われば、会社が変わる

私の人生はこのときから、大きく変わっていきました。

これまでの自分のやり方、考え方を変えなければならない。このままでは、ダメ人間になってしまうと猛反省し、経営を学ぶことを決意したのです。本当の経営を学ぶ決心をしたのです。

このタイミングで出会ったのが、株式会社武蔵野の小山昇社長でした。

武蔵野は、ダスキン事業とコンサルティング事業を柱に持ち、日本経営品質賞を史上初めて2度受賞した会社です。代表の小山社長は、現業を持つコンサルタントとして、全国の中小企業経営者たちから支持されています。

講演を聞いたことがきっかけとなり、その後、2010年11月に武蔵野が主宰する経営サポートに入会。環境整備や経営計画書、人事評価制度を導入しました。

その結果、テイルは大きく変わり、成長しました。

頑張れば報われる公正な人事評価制度を実現。給与体系もそれに連動する形で明確なものとなり、勤務時間も、月300時間くらいだったのが、現在は**200時間**まで減らせました。さらに、**飲食店では異例の7日連続の長期休暇制度**も整えることができました。社員教育にも力を入れており、2010年以来、社員教育にかけた費用は累積で**2億円**となっています（～2021年5月）。

●「働きやすい仕組み」が売上成長を支える

会社を変えるには、社長が変わる必要があります。

まわりの幹部、部下が変わらないのは、社長に原因があったからだと気づくことができました。

そしてカイゼンを重ねることで、業績が変化していったのです。

2013年以降、5年間で8割が閉店すると言われる飲食業界の中、**8年間連続で既存店は100%以上**の売上を維持しています。

会社の大改革に取り組んだ結果、テイルは、**「働きやすさ」**と**「売上成長」**という2つの成果を手に入れることができたわけです。

しかし、この大改革は、決してたやすいものではありませんでした。社員たちからの猛反発も経験しましたし、会社を去っていく人もたくさんいました。

そうした苦しみの中で、少しずつですがブラック企業の状態から脱し、働きやすい会社づくりに取り組んでいる最中です。

この本では、私たちが「働きやすさ」を実現するために取り組んでいることについて述べていきます。

あわせて飲食店での取り組み――どうすれば集客アップにつながるのか、お客様に喜んでいただけるのか、そのために何をしなければならないのか――についても書き上げました。少しでも皆様の参考になれば、うれしく思います。

株式会社テイル代表取締役社長　金原章悦

第1章　なぜ私は、「働きやすい会社」を目指すようになったのか？

第2章　社長が変われば、社員が変わり、組織が成長する

第3章　環境整備・経営計画書・人事評価制度で会社が変わった

第4章　最強の接客力を生み出すテイルの「社員教育」

第5章　コミュニケーションの仕組みが、連帯感のある強い組織をつくる

第6章　「ここで働き続けたい」と思わせる仕組み

第7章 ライバルに圧倒的な差をつける店舗戦略

編集協力 前嶋裕紀子

第1章

なぜ私は、「働きやすい会社」を目指すようになったのか？

■高校卒業後、「手に職を」と考え、飲食業界へ

●母の勧めで、お好み焼屋での修業をスタート

今から35年前、1986年12月、私は大学へ進学するか、就職するかで迷っていました。

実家は、繊維会社を営んでいました。当時の繊維業界の不況の煽《あお》りを受け、運営はかなり苦しかったと思います。夜遅くまで仕事をする両親を見ながら、会社がうまくいっていないことに気づいていました。

両親はなんとか家計をやり繰りしながら、兄弟3人を育ててくれていました。

こうした状況を理解していたので、これ以上、両親に経済的な負担をかけるわけに

はいかないと、大学進学を断念し、就職することを選びました。

ただ、就職するにしても、何をするかは決めていません。

少年時代、プロ野球選手になるのが夢で、高校までずっと野球一筋でした。強豪校で甲子園にも出場しました。すでにプロになることは諦めていましたが、かといって、自分がどんな仕事をしたいか明確にはなっていませんでした。


そんなとき、母から勧められたのが、飲食店への道でした。

母が私に飲食店を勧めたのには、いくつかの理由があります。

まず、美味しいモノをつくれる腕を持っていれば、どこでも稼ぐことができる。つまり、手に職をつけるには、飲食店がうってつけだからという理由です。

もうひとつが、現金商売だということ。

繊維会社では、入金が数か月後という「手形」の商習慣があるため、つねに資金繰りに苦労していました。母は、わが子にはそういう苦労をさせたくないという思いがあったのでしょう。そこで、「現金商売」の飲食業を勧めたというわけです。

なんといっても、私が小さい頃から料理をすることが好きだったからかもしれません。親が共働きだったため、子どもたちで料理をし、食事をしていました。そのため、知らず知らずのうちに、料理の腕を身につけていたのだと思います。


ただ、飲食店というジャンルはさまざまです。母が勧めたのは、お好み焼屋、うどん屋、ラーメン屋など、いわゆる「粉もん」のお店。野球一筋で経験不足だった私には、どれが自分に向いているかわかりません。

このとき、たまたま家族で食事に行ったお店が、近所にあった「どんぐり」という老舗のお好み焼屋さんでした。かなりの繁盛店で、店内は活気に満ちあふれていました。メニューも豊富で、お好み焼以外に焼そばや鉄板焼、アルコール類も扱っていたので、店内は居酒屋さんのような雰囲気でした。

そんな様子を見て母は、何かピンときたのでしょう。「こういう雰囲気のお店だったら、これからどんどん大きくなるんじゃない？　ここで働かせてもらったら？」と一言。

こんなやりとりがあり、高校卒業後、「どんぐり」で働かせていただくことになりました。

●お客様からの「美味しい」の言葉で独立を決意

1年目は丁稚《でっち》、つまり見習いです。店内の掃除、皿洗い、仕込み、配膳など、調理以外の店舗業務のすべてが開店前から閉店まで延々と続きます。仕事がすべて終わるのが深夜になり、家に帰れないことも珍しくありませんでした。

ただ、「これは今の自分に必要な経験」と受け入れ、日々の仕事にガムシャラに取り組みました。

1年くらいたった頃、ようやく焼き場（厨房）に入らせてもらえるようになりました。初めはまったくうまく焼けません。コテさばきの悪さ、手際の悪さ、すべてが後手になり、商品の提供が遅れお客様に叱られました。それがクレームの原因となって、師匠から交代を命じられてしまう始末。悔しくて、早く上達したい一心で、すき間時間を見つけては焼く練習を繰り返しました。

あるとき、ご注文の焼そばを焼く指示が師匠からあり、心を込めて焼き、それを恐る恐るお客様に提供しました。

すると、そのお客様が一口食べるなり、「美味しい」とおっしゃってくださいました。それだけでなく、お会計のとき「美味しかったので、また来るわ」と言ってくださいました。

この言葉に、胸が熱くなり「これまで頑張ってきてよかった」という気持ちがこみ上げてきました。それと同時に、「独立」という言葉がふと頭に浮かびました。

「どんぐり」で修業を始めた頃から、「いつか自分の店を持ちたい」とは思っていました。しかし、それは漠然とした夢であり、自分の中ではっきりとしたイメージがあったわけではありません。それが、そのときのお客様の言葉によって、「独立しよう」といった思いが、明確な「現実」となって私の中に刻まれていったのです。

■2000万円の借金をして、1店舗目をオープン

●人生の相談者がくれた独立のチャンス

独立のチャンスは突然、舞い込んできました。

私には、小学生の頃からお世話になっていたハラヤマさんという野球の指導者がいます。ハラヤマさんはバッティングセンターの社長で、せっせとバッティングセンターに通う野球少年の私に、さまざまなアドバイスをしてくれました。さらに、高校卒業後、どんぐりで働くようになってからも、相談に乗ってくださいました。

あるとき、「良い物件があるので、お店を出したらどうだ?」と私に提案してくださったのです。

そこは京都府南部の久御山町《くみやまちょう》にある10坪ほどの物件です。

修業を始めて2年。「石の上にも3年」と言われるように、私にはまだ早いのではという戸惑いもありましたが、ハラヤマさんは「味とかソースとかという技術は、2年間やったらわかったはず。あとは自分でやりながら、経験を積んでいったらいい」と背中を押してくださったのです。

もともと、「独立して両親を金銭的にもっと楽にしてあげたい」という思いが強く、稼いで恩返しをしたいという気持ちをずっと持ち続けていました。

今がチャンスだと思い、師匠には申し訳ないと思いつつ、どんぐりを辞め、独立を決断したのです。


両親に独立の決断を伝えたところ、大賛成。そして、全面的なサポート体制で私を支えてくれました。

どんぐりで働いている頃、給料は手取りで5万円くらい。貯金なんてありません。銀行から借り入れをするにも私は20歳、そんな若造に金融機関が簡単にお金を貸してくれるはずがありません。このとき、両親は自宅をすべて抵当に入れてもいいと決断してくださいました。

金融機関から保証人を二人つけてほしいと要請があり、親はすでに保証人になっているため、親族や友人にお願いしましたが当然断られました。このとき、ある方が「それだけ頑張っているのであれば保証人になってもいいよ」と言ってくださったのです。その方とは今も親しくさせていただいています。

借り入れ額は2000万円。借り入れ実行当日、書面にサインする私の手は震え、自分の名前が書けなかったことをよく覚えています。また判子を押すときにも手が震え、支店長が私の手を持って判子を押したことが今でも忘れられません。震えたのは、いろいろな感情から生まれた身震いだったのでしょう。これから先、一生をかけて返済しないといけないという怖さがこみ上げ、逃れられない大きな決断をしたのだと感じます。20歳のときでした。

●「きん太」の屋号は母のアイデア

お店の名前「きん太」は母が名づけ親です。飲食店の屋号は2～3文字くらいがもっとも覚えやすいそうです。「今日は、どこの店に行く?」となったとき呼びやすい。「きん太」という3文字の店名を発案した母は、流石だと思います。

私の母は、商売の勘どころを押さえているところがあり、きん太の「キャラクター」も考案してくれました。

「お客様に印象づけるには、親しみやすく愛らしいキャラクターがあったほうがいいんじゃないの?」と、「まさかり」の代わりに、お好み焼の「コテ」を抱えて、クマを引き連れて歩く金太郎のキャラクターを考えてくださいました。

このキャラクターが創業から33年以上経った今も「きん太」というお店のイメージに大きな力を発揮しています。母のアイデアセンスには感謝しかありません。

こんな具合に、家族の全面協力を得ながら、1988年2月、京都府南部の久世郡久御山町に「お好み焼・鉄板焼 きん太」をオープンすることができました。

きん太誕生！

■オープンはしたものの、閑古鳥の日々が続く

●「美味しい」だけではお客様はつかないことを痛感

念願かなって自分のお店をオープンしたものの、ふたを開けてみるとお客様がまったく来ませんでした。世の中、そんなに甘くなかったです。

たまにお客様が来店してくださる以外は、閑古鳥状態——暇を持て余し、店の前を通り過ぎる人影を店内からジーっと見つめたり、店の外に出て「隣の居酒屋のお客様の入りはどうだろう」と近所のお店を気にしたりして、そわそわする日々。

来店されたお客様が「美味しかったよ。また来るね」と言ってくださることもありましたが、次も来られることはほとんどありません。

当時の売上は1日1万円程度。お好み焼1枚が480円でしたから、1日にご来店されるお客様がいかに少なかったかご想像いただけるかと思います。

当時の私は、店舗での業務全般はどんぐりでの修業でみっちり仕込んでもらっていましたが、集客や販促に関する知識はゼロ。「のれんを出して、店に明かりをつければ、お客様が来店してくださる」と安易に考えて、チラシを配布したり、広告を出したりといった販促を一切していませんでした。というより、そんな方法があることさえも知りませんでした。

●やることなすこと裏目に出る

オープンから半年くらいが過ぎ、毎月赤字続き。

「もうダメだ……」。そんな思いも頭をよぎります。

だが、店を閉めるわけにはいきません。私には2000万円の借金があり、返済できなければ、担保として抵当権が設定されている両親の自宅、財産がとられる。保証人の方々にも、大変なご迷惑をかけてしまう。

そして何より、自分で「やる」と決めた店。自分で選んだ道。最後まで責任を持ってやり遂げなければならない。簡単に諦めるわけにはいかない。

ありがたいことに、強豪野球部で3年間、みっちり鍛えてもらったおかげで、体力だけにはかなりの自信があり、体力の続く限り、試行錯誤を繰り返し、何とかしてお店を立て直す気持ちでした。

ただ何をやるにも、すべてがうまくいかない。

当時の最大の問題は、お客様の来店がないこと。そこで、どうすればお客様に来店していただくかを勉強すべく、集客や飲食店経営などに関する本を読み、家族や知人などからもいろいろなアドバイスをしていただき、料理にしても、もっと美味しくならないかと、具材やソース、調理法など工夫を重ねましたが、何をやっても、お客様の来店はありませんでした。

すべてが裏目に出ているような気がして、どんどん周りが信じられなくなり、どんどん自分が信じられなくなり、何をやっても、それが「正しい」と思えなくなり、人間不信の状態が続きました。

この時期は、本当に苦しく、つらい、さまよう日々が続きました。

●深夜営業のスタートで、一転、来店客数が一気に増加

転機は突然訪れます。ある日、ホステス風の年配のお客様から、こんなアドバイスを受けたのです。

「深夜4時まで営業を伸ばしたらどう?」

その方いわく、「周辺にはスナックやラウンジなど深夜に営業するお店がたくさんあるけど、お店の営業後、お客様とアフターで食事をするお店が少ないの。深夜営業をしたら流行ると思うよ!!」とご提案いただいたわけです。

「なるほど!!」と、さっそくご提案に従い、これまで午前11時半~夜10時までの営業時間を、午前11時半~翌朝4時に変えました。

さらに、深夜に通りがかった方々の目に留まるように、お店の前に大きな赤ちょうちんをぶら下げました。すると、どうでしょう。深夜12時頃から来店されるお客様が増え始めたのです。

お客様の層は想像通り、水商売の方々です。お店帰りの方々やそのお客様が来店され、たくさんのご注文をいただき、お客様が一組、二組と増えていったのです。また、深夜まで飲んで、最後の「シメ」で立ち寄ってくださるお客様もいらっしゃいました。まさか営業時間を深夜に変更しただけで、これだけのマーケットがあったとは――経験の浅い世間知らずな私は、おおいに気づかされ、驚かされました。

地域の人気店に急成長し、6年で4店舗まで拡大

●店で寝泊まりして仕事、仕事、仕事の日々

深夜のお客様が増えるにつれ、面白いことに、ランチ帯の来店数も増加しました。深夜にご来店くださったお客様が、ご家族などで昼間利用してくださる機会が増えたことが要因だと思います。

お客様増加を受け、売上も1日1万円程度だったのが、3万円、5万円、7万円と増えていき、深夜営業をスタートして半年後には1日10万円の売上を達成できるまでに成長。それまで私は売上が悪いと怒ったり、機嫌が悪くなったりしていましたが、人間というのは面白く、売上が上がると機嫌がよくなり、楽しくなります。いつもニ

コニコ顔でした。

焼きを担当するのは私一人。朝から晩まで厨房に張り付き、注文が入ると、トイレにも行けません。当然、営業中は、休憩時間はほぼゼロ。落ち着いて食事などできません。

しかも、年中無休です。まさに1日24時間365日、仕事、仕事、仕事。今、振り返ってみても、こんな毎日を5年くらい続けてよく倒れなかったなと思います。野球部時代に鍛えた体力と若さのおかげでしょう。

●独立3年目にして、2店舗目をオープンする

少しずつですがお客様が定着し、順調に行き始めた頃、あるお客様から「私のところに、6坪くらいの物件があるんだけど、もしよかったら借りない？」とお話をいただきました。

「2店舗目」という発想はまったくなかったものの、少し興味がわいていろいろ聞くと、家賃は8万円、保証金は30万円とのことです。今の店の売上から考えると、それ

ほど負担になる金額ではありません。

挑戦してみたい思いが強まり、せっかくいただいたチャンスだからと2店舗目を出す決断をしました。

ただ、私が2つのお店を同時に切り盛りすることは不可能です。1店舗目の売上を下げるわけにはいかないし、下げてしまうと共倒れになってしまう。二兎を追う者は一兎をも得ず、です。

「誰かお願いできる人はいないものか……」と考え、どんぐり時代に一緒に働いていたアルバイトの後輩（藤野久志、現・新田辺店オーナー）に、「2店舗目をオープンしようと思っているけど、一緒にやらないか」と声をかけました。すると返事は「少し考えさせてください」。

「どうしたら2店舗目が出せるのだろう。世の中には、ナショナルチェーンが何百店舗も出店され、上手に運営されている。すごいな」と感じていました。「2店舗目を出すにはマニュアルであったり、レシピ、仕組みが必要」。当時から心のどこかで、「勉強しなければいけない」という思いは、ありました。

数日後、藤野から「やらせてください」と返事があり、彼に店長を任せ、1991年3月、きん太の2店舗目となる近鉄大久保店をオープン。独立してから3年後のことです。

●店舗数は増えるものの、統一的な管理体制は整わず

以後、1993年4月には宇治名木《うじなぎ》店を、1994年11月には京阪中書島《ちゅうじょしま》店をオープンさせ、独立後6年で、きん太を4店舗まで拡大することができました。

ただ、このとき、私の中に何か戦略的なものがあったわけではありません。当時の私は、**店舗を「運営する」という部分のスキルは持っていましたが、店舗を「経営する」という部分ではまったくのド素人です。**

そのため、店舗数を増やしたのも、「ここの物件が空いているから、どう?」と紹介を受け、「ここなら、やれそうだな」と思ったら契約するものの、「やれそうだな」は、綿密に分析した上での判断ではなく、すべて直感で、勘しか頼るものがありませんでした。

また店舗経営のノウハウもないので、4店舗の管理はできません。4つの店舗を、トータルで「人が不足したり、食材が足りなければ、貸し借りすればいい」程度にしか考えていなかったのです。運営は、店長任せ。1店舗目の運営に力を入れ、時間になれば他のお店に電話を入れ、売上や店の状況など確認し、「もっとしっかり売上を出せ！」と怒鳴ってばかりでした。

■売上は伸びる一方、「ブラック化」が加速する

●社会保険加入のために会社を設立

お店が成長していくと、長く働く社員が何人もいる状態になります。その中には、近い将来、結婚を考える人もいます。あるとき、一人から聞かれました。

「厚生年金や健康保険といった社会保険に加入できないんですか?」

結婚して家族を持つにあたり、会社の内部体制がどうであるかは、働く側にとって重要な要素です。

つねに人手不足の状態だったので「社会保険がない」という理由で従業員に辞められるのは困る。ただ社会保険へ加入しようとしても、どうしたらいいかわからないの

が実情です。お客様に美味しいお好み焼や鉄板焼を提供することや、お客様を喜ばせることばかりに頭が行き、「経営」については、まったくのド素人でしたから……。税理士さんへ相談し、「社会保険に加入するには、会社を設立する必要があります」と言われ、会社を設立。

1997年3月のことでした。社名は**「株式会社テイル」**です。

●機関銃を撃ちまくり

経営はド素人でしたが、売上や集客には人一倍関心がありました。

月に一度、お店の営業終了後、事務所にて売上の見込みなどをチェックする会議を開き、各店長から報告させ、一人ひとりが話すたびに「売上が低い！　もっと上げろ！」。機関銃のごとく延々と言葉で責め、売上目標を達成させるために、言葉を撃ち続けていました。

当時、店長になりたてだった現在ブロック部長の蛯原祥平《えびはらしょうへい》はこのときのことを振り返り、**「死刑台に順番に並ばされるような気持ちだった」**と言っています。店長会議以外でも、顔を見れば「もっと売上を上げる努力をしろ！」と怒鳴り散らす私に、現在、ナンバー2である小西誠などは、**ストレスで胃や肺に穴が開いてしまった**くらいです（それも2、3回）。今の時代だったら、こうした私の対応は、完全にパワハラ認定です（笑）。

ここまで厳しいノルマを店長に課した理由は、当時の私は「儲けたい」という思いが人一倍強かったからです。店舗数が増えるに従い、売上はさらに伸びていき、さらに、独立のときにした借金も完済でき、儲ければ儲けるほど、懐も豊かになり「お金を稼ぎ続ける」ことの虜《とりこ》になっていたのです。

だから、店長たちに「もっと売上を上げろ」と言い続けていた。今思えば卑怯者で情けない人間だったと反省するばかりです。金の亡者でした。

●昇給なし。給与、賞与も社長の都合で決まる

厳しい売上ノルマと社長からの言葉責めに加え、当時の労働工数は月300時間。これだけでも十分にブラック企業ですが、**当社のブラックさを示す最たるものといえ**

ば、「給与」。そもそも、それぞれの給与を決める明確な基準がなかったのです。

私が行っていた給与の決め方は、「日給」を決め、それに掛けることの30日。たとえば、日給が5000円であれば、「×30日」で、毎月15万円を給与として支払う。しいて言えばこれが基準です。

中途社員であれ、パート・アルバイトであれ、面接のときに「お給料はいくらほしいですか？」と聞き、相手が提示した金額が妥当であれば、「じゃあ、それで決まり」。相手の言い値で採用していました。その人の能力や評価を反映したものではなかったのです。

さらに、**一度、給与の総額が決まれば、上がることはない**。どうして上げるのか、当時の私には「昇給」という発想や知識さえありませんでしたし、昇給させる方法もわからなかったからです。

賞与は「寸志程度」を支給していました。支給の基準は一切なく、退職させないように額を決めていたのが実情です。

この人は重要な戦力なのでこのくらいやってもいい、辞めるかもしれない人にはこのくらい、といった具合に、すべて金原の卑劣な「鉛筆ナメナメ」での決定でした。

●私を目覚めさせたある社員の一言

とどめは、私が会社の財務状況についていて平気でウソをついていたことです。利益が上がっていても、「借金が多い」とウソを並べ、給与や賞与をできるだけ低く抑える。なぜ、ウソをついたか？　理由はお金を貯めたいだけ。社員には少ない給与で頑張ってもらい、自分はいい車に乗ったり、いい服を着ていた。とんでもない社長でした。本当に申し訳ない。猛省しています。

こうしたウソは社員たちには当然バレていて、「こんな会社、次の給与をもらったら辞めてやる」と、多くの社員たちが考えていたと思います。ウソを平気でついている社長の下で働いても、やりがいなど生まれるわけがありません。実際、給与を払うたびに社員が辞めていきました。

「また社員に辞められてしまう……」「誰が辞めていくのか」と、給料日が近づくたびに私はビクビクしていた。当然だと思います。

ある日、現在取締役を務める、小西誠からこう言われました。

「社長、僕は一所懸命働いています。仕事も好きです。今、僕には結婚したい相手がいるのですが、結婚しても大丈夫ですか？　ここで働いていて将来はありますか？」

彼の言葉にハッと気がつきました。

私に私の人生があるように、社員一人ひとりにもそれぞれの人生がある。そんな大切なことを無視して、私は彼らを「虫けら」くらいに思い、扱ってきた。大変なことをしていたと気づかされたのです。

彼の言葉をきっかけに、「こんなことをやり続けていてはいけない」と深く反省し、「働いてくれる人たちが、安心して働き続けられる会社にしなければならない」と思うようになりました。

■「働きやすい会社」をつくる大改革に着手するが……

●コンサルタントや顧問を雇い、会社の改革を行う

働く人たちが安心して働ける会社。そうした会社になるためには、さまざまなことが求められます。当時欠けていたのが、公正な給与体系と人事評価の仕組みです。

これまでの鉛筆ナメナメの給与・賞与の決め方から脱し、公正で明確な「制度」として整えていく必要がありました。

ただ、そのことはわかっても、どうすればいいかわかりません。そこで、人事評価制度や賃金制度に関する本を何冊か読み、「これは！」と思うノウハウをいくつか試しましたが、所詮、ド素人の私がすることです。どれもうまくいくわけがない。

そうした失敗を繰り返すうちに、独学の限界を感じ、思い切って専門の経営コンサルタントを雇うことにし、さらに大手企業での役職経験者を顧問として雇いました。ところが、これもうまくいきません。それどころか、**彼らの提案通りにすればするほど、組織が混乱していきました**。

原因は、彼らには飲食業界の経験がないため、提案がことごとく現場の現状と乖離していたことです。

たとえば、経費削減のため、提案のあった「アイドルタイムは店内の照明を消す」をルール化しました。ところが、それを実行してしまった結果、外から見たとき暗い印象を与える店になってしまったのです。こうなると、お客様からは「なんか暗い店だね……」と敬遠されてしまいます。

店舗運営においては、「必要な無駄」というものがあります。経費削減だけを考え、「あれもこれも」と無駄をなくしていこうとすると、店舗全体がケチっぽくなってしまい、お客様からの印象が悪くなります。

●心労が重なり、くも膜下出血で倒れる

経験や実績のない顧問やコンサルタントは、雇ってはいけない。今でこそ、そう思えますが、困ったことに、彼らを雇ってしばらくの間、私は彼らに厚い信頼を寄せすぎていたため、提案をそのまま受け入れ、現場からの声に耳を傾けていませんでした。

この時期、現場で働く社員たちはかなりきつい状況に陥っていたと思います。ナンバー3の森川知洋も「会社がどこかおかしな方向に進んでいる」と感じていたようです。

ただ、コンサルタントや顧問の言う通りに事を進めて、一向に会社のカイゼンが進まない状況が続くと、「あれ、なんかおかしい……」と感じるようになりました。

「経営の専門家」である彼らの指導の下、人事評価や給与体系などの制度も整えていきましたが、これが一向にうまく機能せず、期待したような効果が見えません。店舗運営についても、彼らの提案を実行しても、これといった効果が出ません。逆にマイナスの結果になることが多かった。

くも膜下出血で倒れる

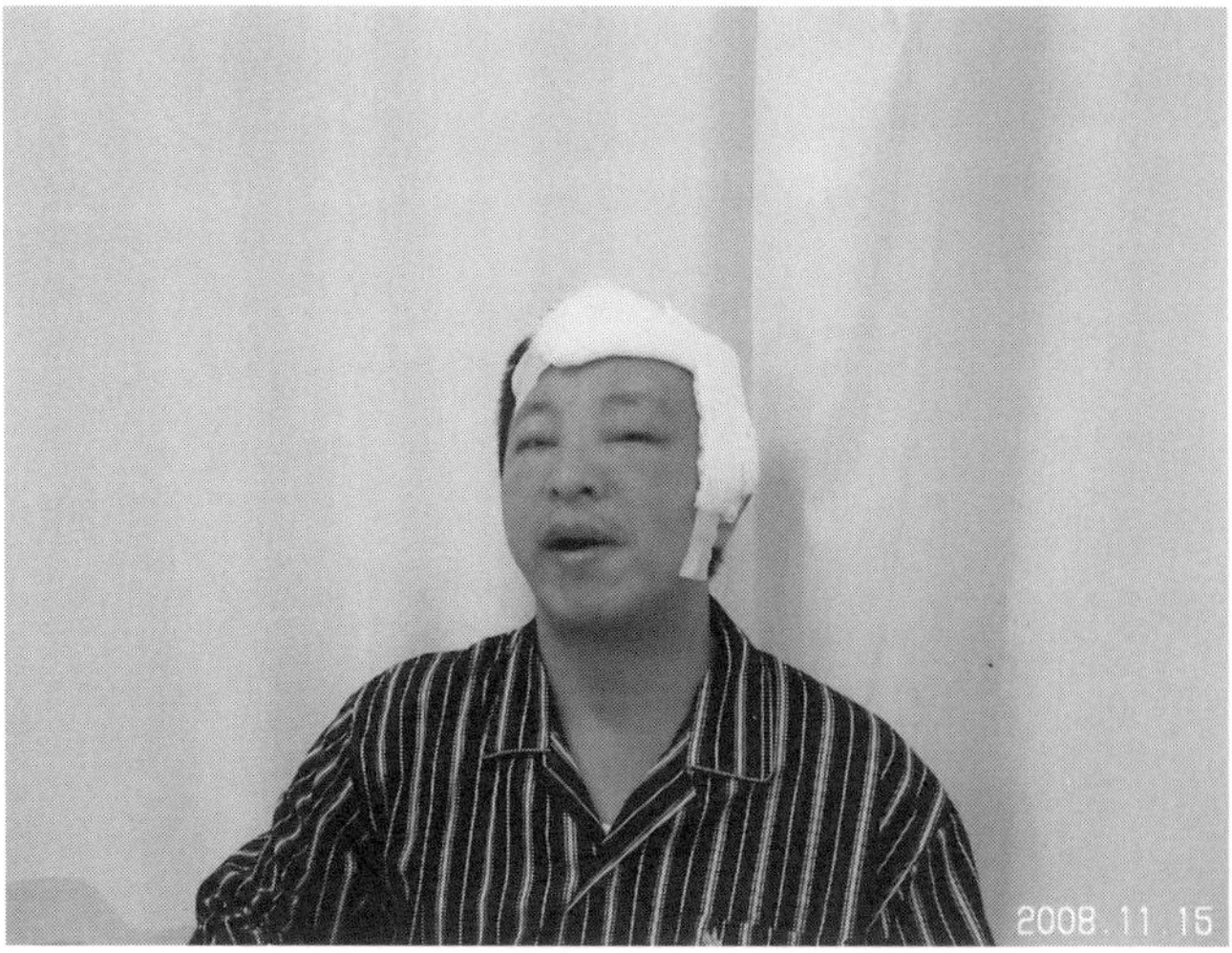

そうした中で、彼らへの不信感が募っていきました。ただ、「経営」についてて自信がなかった私は、なかなか彼らにモノ申すことができない。自分でもどうしたらいいかがわからなくなり、私はどんどん混乱し、泥沼の中をさまよっていました。

そして、**心労が体の限界を超え、くも膜下出血で倒れてしまったのです**。2008年のことです。41歳、厄年のときでした。

2008.11.16

2008.11.23

第2章

社長が変われば、
社員が変わり、組織が成長する

■ある経営者との出会い

●「絶対に元がとれるで」の一言で、武蔵野への入会を決意

幸いにも命に別状はなく、2カ月ほど入院したのち、仕事に復帰しましたが、現場は何も変わりません。コンサルタントや顧問は辞めていきました。何か変えなければならないので、経営に関する本を読み、勉強会にも積極的に参加しました。

そこで出会ったのが、**株式会社武蔵野の小山昇社長**です。

「商業界」という出版社が主宰する1泊2日の合宿に参加した際に、小山社長が「儲かる会社の仕組み」というテーマで講演をされ、それを拝聴したのがきっかけです。

小山社長のお話に感銘を受けた私は、さっそく講演終了後に名刺交換をさせていた

小山社長からいただいたサイン

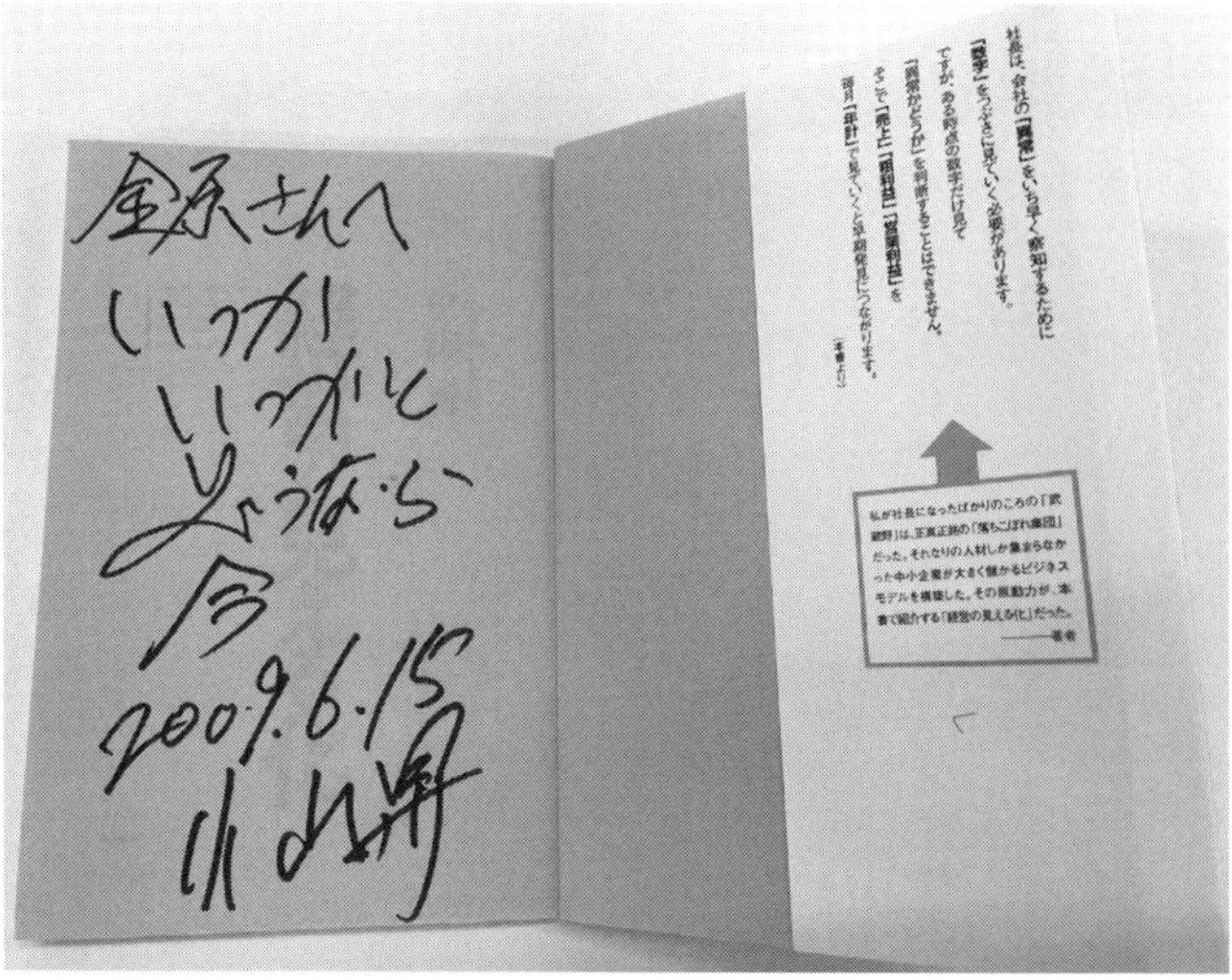

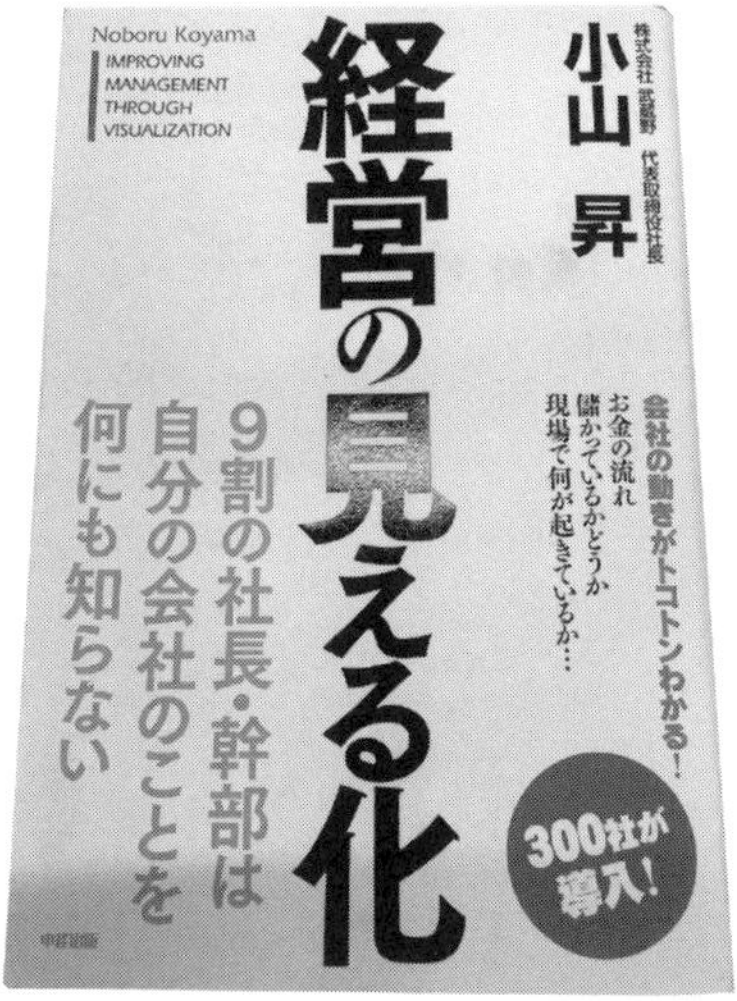

だき、会場で購入したご著書に直筆でサインをしていただきました。

その後、武蔵野の経営サポート事業部から「現地見学会」の案内が毎月のように送られてくるようになり、「こんな熱心に送ってくれる会社であれば、行ってみる価値はあるのでは？」と思い、参加しました。２００９年11月のことです。

現地見学会では武蔵野の本社を隈なく見学し、その行き届いた整理整頓と清潔さに圧倒され、このレベルの清潔さを店舗でも実現できたらと強く感じました。一方で、武蔵野のメインである「ダスキン」事業は掃除用品や清掃サービスであり、きん太は飲食業。業界が大きく異なり、果たして武蔵野からの指導を受けたところで、当社でできるだろうかと不安はありました。

その不安は、現地見学会終了後の懇親会のある一言で一掃されました。私の前に座っておられた**株式会社関通の達城久裕社長**と名刺交換をさせていただいたとき、「小山社長の指導を受けたら、必ず会社が大きくなって、絶対に元がとれるで」とおっしゃってくださったのです。達城社長のこの言葉に勇気づけられ、武蔵野の経営サポートに入会することを決心。２０１０年11月のことです。

■社員への姿勢を180度変えた小山社長の言葉

●「金原さんは社員のことを、大事にしていませんよね」

私は創業者で「会社勤め」をしたことがありません。18歳で飲食業界に飛び込み、20歳で独立。お好み焼・鉄板焼の「師匠」はいましたが、「社長」という存在のもとで働いた経験はありません。だから、「社長業」についての知識も知恵もない。

このように**社長の仕事とは何か**を知らない人は、世の中にはたくさんいると思います。**「社長」でいながら、「社長業」についてまったく理解していない自分に不甲斐なさを感じ、「社長業」を学びたいとずっと思っていました。**

小山社長は、コンサルタントですが、ダスキンという現業を持った現役の経営者でもあります。そんな人は、小山社長だけです。本物の社長は、どんなことをしないといけないのか？　初めて本気で学びたいと思いました。

武蔵野に入会するとさまざまな研修があります。その中で最初に研修を受けたかったのが、小山社長の「かばん持ち」です。1日36万円で3日間、総額108万円で小山社長を独り占め。たくさんの質問ができ、悩みを打ち明け、仕事のこと、プライベートなこと、人生・家族・お金・ドロドロのことなど、何から何まで相談ができるプレミアムな研修です。

この「かばん持ち」研修のときに、小山社長からこう言われました。

「金原さんは、会社のために汗水をたらしている社員のことを、大事にしていませんよね」

社員を「大事にする・しない」なんて発想がそもそもなかった当時の私は、何を言われているのかまったく理解できません。そこで咄嗟《とっさ》に、「いえ、そんなことはないと思いますが……」と答えました。

「かばん持ち」は小山社長に同行し何でも相談できる研修

すると小山社長から**「じゃあ金原さんは、社員の名前を全員、フルネームで書けますか?」**と尋ねられました。

この小山社長からの問いかけに、私はハッとしました。当時の社員は18人くらいでしたが、社員全員の名前をフルネームで書けないどころか、下の名前すら知らないのが実情でした。

呆然としました。小山社長がおっしゃる通り、社員を大事にしていませんでした。心の奥底では彼らを会社や私のために都合よく働いてくれる「働きアリ」にくらいしか思っていなかった。こうした私のスタンスは、当然、社員たちにも伝わります。「この会社のために頑張ろう」という気持ちにはなれないのは事実だと思います。

武蔵野へ入会して、どんな素晴らしい仕組みや制度を導入しても、取り組む人たちに「気持ち」が入っていなければ、うまく機能しません。

そうさせてしまった大きな原因は、社長である私の「社員を大事にしていない」姿勢や態度そのものにあったのです。「かばん持ち」の研修でそのことに気づかせていただき、感謝しています。

■社長の言葉・行動1つで、社員はいかようにも変化する

●小山社長のアドバイスを素直に実践

私自身が本気で会社を変えていく決意があるのならば、私が自分自身を変えていくしかありません。つまり「社員を大事にする社長になる」。

しかし、「大事にする」といっても、その方法がわかりません。

そこで私は、小山社長に質問しました。

「では、どうやって社員を大事にしたらいいのでしょうか?」

小山社長の答えは、こうでした。

「社員とのコミュニケーションを重点に置くこと。それと、怒っては駄目です。傾聴

力を持って。そして、社員の話は最後まで聴くこと」

私はこの言葉をしっかり手帳にメモし、会社に戻ったらすぐに実践することを決意しました。

まず行ったのは、会議等で私が話す時間も量もぐっと減らす、です。

それまで、私の出席する「会議」といえば、私の独壇場です。スタートと同時にひたすら話し続ける。社員の誰かが何か発言すると、すぐにその発言を遮《さえぎ》って、機関銃のごとく話し、撃ち続ける。弾がなくなっても撃ち続けていました（笑）。

これとは逆のことを実践したのです。会議中はじっと黙って、社員たちの発言を聴く。そして、最後の5分だけ口を開き、そのときの議論についての最終決定をする。会議全体の発言量を10とすれば、これまでの私の発言量はほぼ10。それを1とか、多くても2くらいに減らしました。

また、会議以外での社員たちとの会話の仕方も変えました。

社員の話は一切聞かず、こちらが一方的に話し続けていたのをやめ、社員たちから私に報告させる仕組みに変えました。どんな内容であろうと、まずは耳を傾け、最後まで聴く姿勢を貫くことにしたのです。

こうした「傾聴」の態度が体に馴染んできたら、さらに一歩進めて、最後まで聴いて、それに対して私がどう思うかを伝えるようにしました。その際、基本的には相手の考えや思いを否定しません。どんな意見・提案であれ、相手が何を考えているかを理解するように努め、「なるほどな。そういう考えもあるな」と受け入れ、その上で、「それを実現するには、どうしたらいいと思う?」と、社員たちに実現に向けて思考をさらに深めさせ、考えさせ、発言させるように促しました。

このような会話のやり方を社員たちと意図的に行っていきました。

■社長が心を開かなければ、社員は心を開かない

●多くの社長は社員とコミュニケーションをとるのが下手

たいていの社長は、社員とコミュニケーションをとるのが苦手です。

かばん持ちで「金原さんは、コミュニケーションをとるのが下手です」と指導を受けました。

「金原さんは、社員とお酒を飲んだことがありますか?」

「?・?　ありません」

「社員さんは金原さんに話を聞いてほしいことを知っていますか?」

「?・?」

「一度、幹部とお酒を飲んでみてください。時間は2時間で終了することです」

そこで私は、まずは試しにナンバー2である小西を私との「サシ飲み」に誘ってみることにしました。

小西からしたら、私からのこの誘いは予想だにしていなかったと思います。「怒られるのかな……」と相当ビクビクしていたと思います。居酒屋で向かい合わせになった小西は、まさに直立不動状態でした。

結果的にこの飲みニケーションは大成功でした。このとき私は、勇気を振り絞って謝りました。**「今までいろいろ悪かった。ごめんな」**。そして、**「心を入れ替えて社員たちを成長させる社長になるのでついて来てくれ」**と伝えました。

すると小西の目から汗が出てきて「僕も悪かったたです」と応えてくれたのです。私は言いました。「これからは、立派な会社にしていくからな、協力してくれ！」。

飲みニケーションの効果を実感した私は、その後、ナンバー3の森川知洋やナンバー4の長谷川大介とも飲みニケーションを実施。「サシ飲み」をすることで、幹部との絆が生まれました。

●社長は一人で頑張らなくていい。社員と一緒に頑張ればいい

こんな具合に、社員たちとの会話のやり方や、彼らにかける言葉を変えていき、さらにコミュニケーションの頻度も増やして……といったことを続けているうちに、社員たちにも変化が起きていました。私への反応や、彼らの仕事への取り組みなどが、徐々にではありますが、変わっていったのです。

私が心を開き、社員たちがどんどん前向きに変わっていく姿を見るにつけ、小山社長の指導が正しかったことを実感しました。

この時期、自分がどう変わっていったか振り返ってみると、**社員一人ひとりを、1つの人間性を持った人間であると、しっかり感じ取れるようになったことです。**

その結果、自分一人で頑張るのではなく、**「社員たちと一緒に頑張って、会社を成長させていこう」**という気持ちが芽生え始めました。

こうした発想はこれまではなく、ずっと社長である自分ひとりが頑張らないといけないと思っていました。ですが、一人の頑張りには限界があります。

それより、社員たちと一緒に頑張れば、そのパワーは一人で頑張っているときの何十倍にもなり、より大きく会社を成長させることができます。

私自身がそのように発想を変えられたのは、小山社長に出会い、指導していただけたからだと思います。

第3章
環境整備・経営計画書・人事評価制度で会社が変わった

■環境整備がもたらした5つの変化

●環境整備で会社が均一化され、仕事の効率がアップ

私が社員たちへの接し方を180度変えたことで、社員たちがそれに少しずつ反応してくれるようなり、彼らの仕事への姿勢や態度、取り組み方などもだんだんと変わっていったことは前章で述べた通りです。

それと連動するように、導入した新しい制度がうまく機能し始め、それぞれの効果について、私自身が実感できる機会も増えていきました。この章では、それらの柱となる**「環境整備」「経営計画書」「人事評価制度」**の3つが、テイルにどのような変化をもたらしたかについて述べていきます。

会社を組織としてまとめるには、社長が先頭にたって、何か大きなことに取り組む必要があります。そして、その中で社員を教育する仕組みをつくらないといけません。

まず行ったことは、**環境整備**を定着させる仕組みづくりです。「環境整備」とは、簡単に言うと「お掃除」です。お店を綺麗にする取り組みです。

お店で働いている社員、パート、アルバイトさんに、お掃除をしてもらう場所を決めます。その場所を、社長と社員5名で月1回、全店舗を回り、綺麗にできているか、できていないか点検し、点数をつけます。これを**環境整備点検**と言います。

点数の良いお店、悪いお店があり、それに対して振り返りをさせて、翌月の点検に向けて良い点数がとれるように取り組ませる仕組みです。

環境整備点検で私が一番大切にしているのは「お客様目線」です。

お客様目線になって、きん太で食事をしたとき、どのように感じるのか？　そこを重点に置き、教育をしています。

ＰＯＰは綺麗に揃っているか？　モノの定位置は綺麗に揃っているか？　玄関は綺麗か？　窓はピカピカになっているか？　おトイレは綺麗か？　テーブルの上の調味

料はどうか？　メニューは揃っているか？　といった具合にチェックシートを用いて点検者がチェックします。

これを2010年から11年間、毎月行っています。その結果、会社が大きく変わりました。大きな変化は5つあります。

①お店が綺麗になり、見た目がよくなった

環境整備によって、「綺麗という状態はどのような状態でなければいけないか」綺麗という価値観を指導し、ここまで綺麗にしなければならないという指導をします。モノが整えられ、揃っていきますから、**見た目がよくなります。雰囲気がよくなり、社員も明るくなりました。**

②均一化が進み、ルールが明確になる

均一化が進み、各店のルールが明確になります。特に掲示物、POPなどの貼り方が明確になり「何をやらなければいけないのか」「何をしてはいけないのか」マニュアルなど、仕事のやり方、考え方が揃っていきます。

③仕事の効率化が進む

モノや食材等の配置場所が決まると、見た目にもスッキリし、かつ作業効率もアップします。

さらに、それらの配置場所は、店舗間で横展開されていき、現在では**どの店舗においても、モノや食材等が同じ場所に置かれている**状態になっています。

このようにモノや食材の管理ができるようになると、モノや食材の量が減って、必要最低限になり、その結果、**原価率が32％から28％に**下がりました。

また、新店をオープンするときには、基本的に従来の店舗と同じ場所に配置すればいいので、配置について余計な労力がかからず、**オープン準備に必要な時間も短縮できる**ようになりました。

仕事の効率化は、**労働時間の削減**にもつながり、月300時間だったのが、現在では**200時間強**。平均残業時間も月60時間から、**月30時間**にまで減りました。

④不正がなくなっていく

以前は、食材の量や数などの定量管理をしていないため、在庫の紛失や盗難がありました。定量管理のレベルが上がることで**不正発生率が減っていきました**。綺麗に整った明るい店舗では、さすがにお金を横領したり、商品を盗んだりといったことがしにくくなるようです。

⑤業績アップにつながっている

環境整備点検で、社員が学ぶのは「お客様目線」です。「お客様からどう見られているのか」を意識し、そこから「お客様の目線」に気づく習慣が身について仕事に取り組む社員やパート・アルバイトが増えていることを実感しています。

結果的に原価率の改善とあわせて、**会社の利益アップにも確実につながっていると**確信しています。

環境整備で整理・整頓・清潔を徹底する

■新型コロナ対応で力を発揮した環境整備への取り組み

●改善のやり方・考え方が揃う

環境整備に取り組んでいるお店と、取り組んでいないお店とでは、何が違うのでしょうか。

環境整備に取り組んでいると、何か問題が起きたとき、それを改善する動きや仕組み、スピードが身につきます。

環境整備に取り組むことによって、**改善のやり方、考え方が揃う**のが、環境整備のメリットであり、取り組んでいる会社の強みです。**真似できないのはやり続けている**

からだと思います。

●新型コロナでの対応で、社員たちの成長を実感する

そのことを改めて感じたのが、2020年のコロナ禍においてでした。目に見えないウイルスとの闘いにおいて、飲食業としてはスピーディに対応していかなければなりません。

新型コロナの感染拡大を受けて政府から第1回目の緊急事態宣言が出された後、時間を短縮して営業を続けていました。

このとき、お客様の衛生面についての興味が、テーブルや椅子をアルコールで丁寧に拭いているか、テーブルにキチンとアクリル板が設置されているか、ということ以上に、科学的な根拠に基づいたコロナ対策をとっているか、ということがわかりました。

そこで、「クリーン・リフレ」という除菌水の導入を決定。クリーン・リフレは、新型コロナウイルスが不活化することが証明されているだけでなく、原材料は水と塩

除菌水の設置をスピーディに徹底

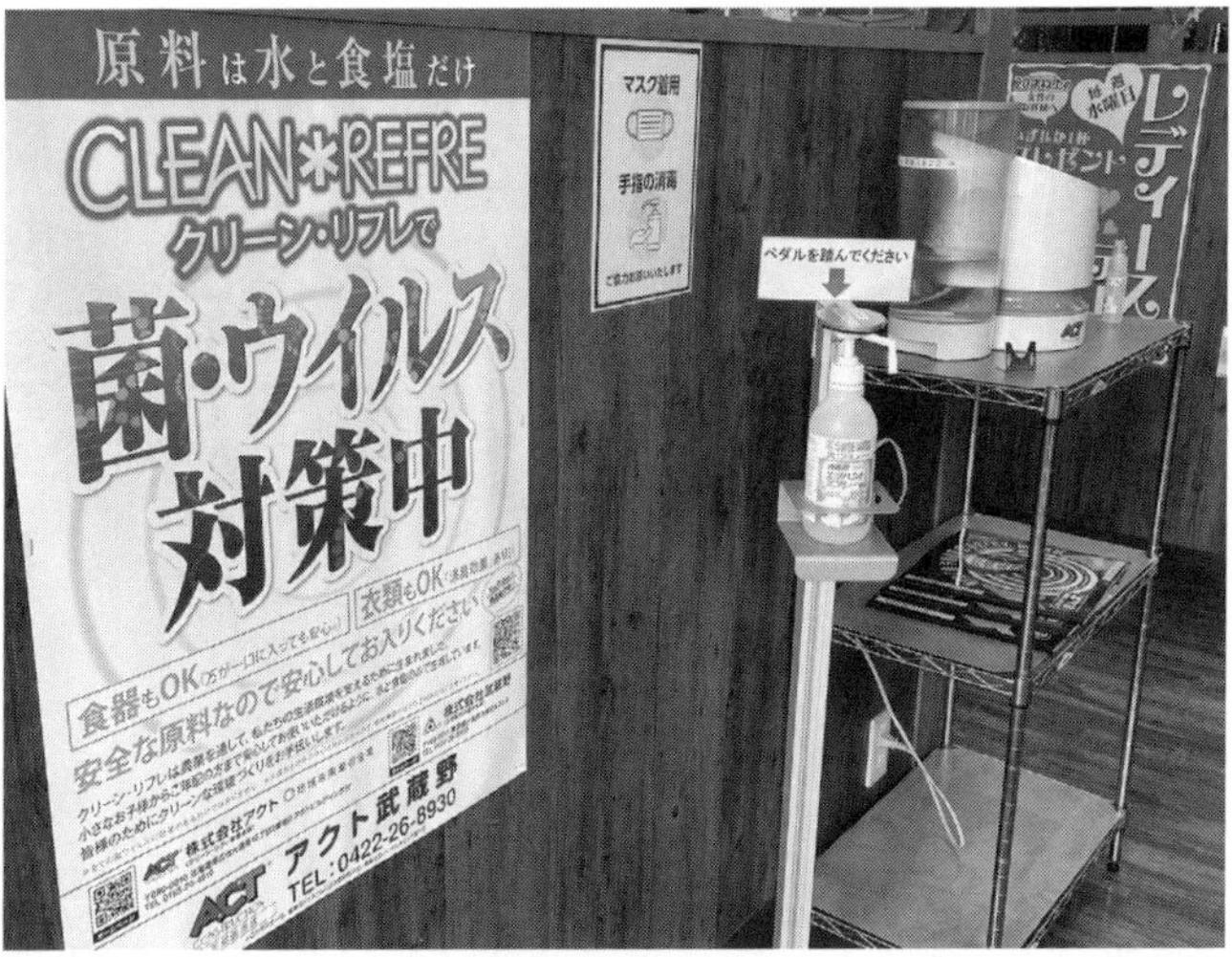

のみ。空中に噴霧しても身体に害を及ぼすことはありません。

導入を指示したところ、ただちに全店舗の入り口に噴霧器が設置され、空間除菌をしていることをお客様に伝える大きなＰＯＰを貼りました。

クリーン・リフレの噴霧器は入り口に置くことで、ウイルス対策をするうえで最も効果的だといいます。それを統一して実行できたわけです。

じつは、２０１６年に集団食中毒が発生し、営業停止処分を受けたことがあります。ノロウイルスを保有していた従業員が十分に手を洗わなかったことが原因で、意識の徹底がされていなかったわけです。

ですから、今回のスピーディな徹底を見ると、非常に大きな成長を感じざるを得ません。「成長してくれたんだ」と感慨深いものがあります。これからも、衛生管理を徹底して、安心・安全なお店づくりを続けていきます。

■経営計画書で会社のルールを明確にする

●ルールがわかって社員たちが明るくなった

環境整備と同時期に導入したものが、**経営計画書**です。

当社が成長できた大きな要因の1つが経営計画書です。

経営計画書とは、簡単に言えば、会社の「ルールブック」です。会社の経営理念や経営方針、中長期の事業計画、人事評価の方法、社員やパート・アルバイトが守るべきルールなどを1冊の手帳にまとめたもので、毎年見直し、更新します。

2011年から導入して、これまでに11冊の経営計画書を作成してきました。

この経営計画書の導入による社内の変化を一言で表現するならば、**社員たちが明る**

経営計画書は会社のルールブック

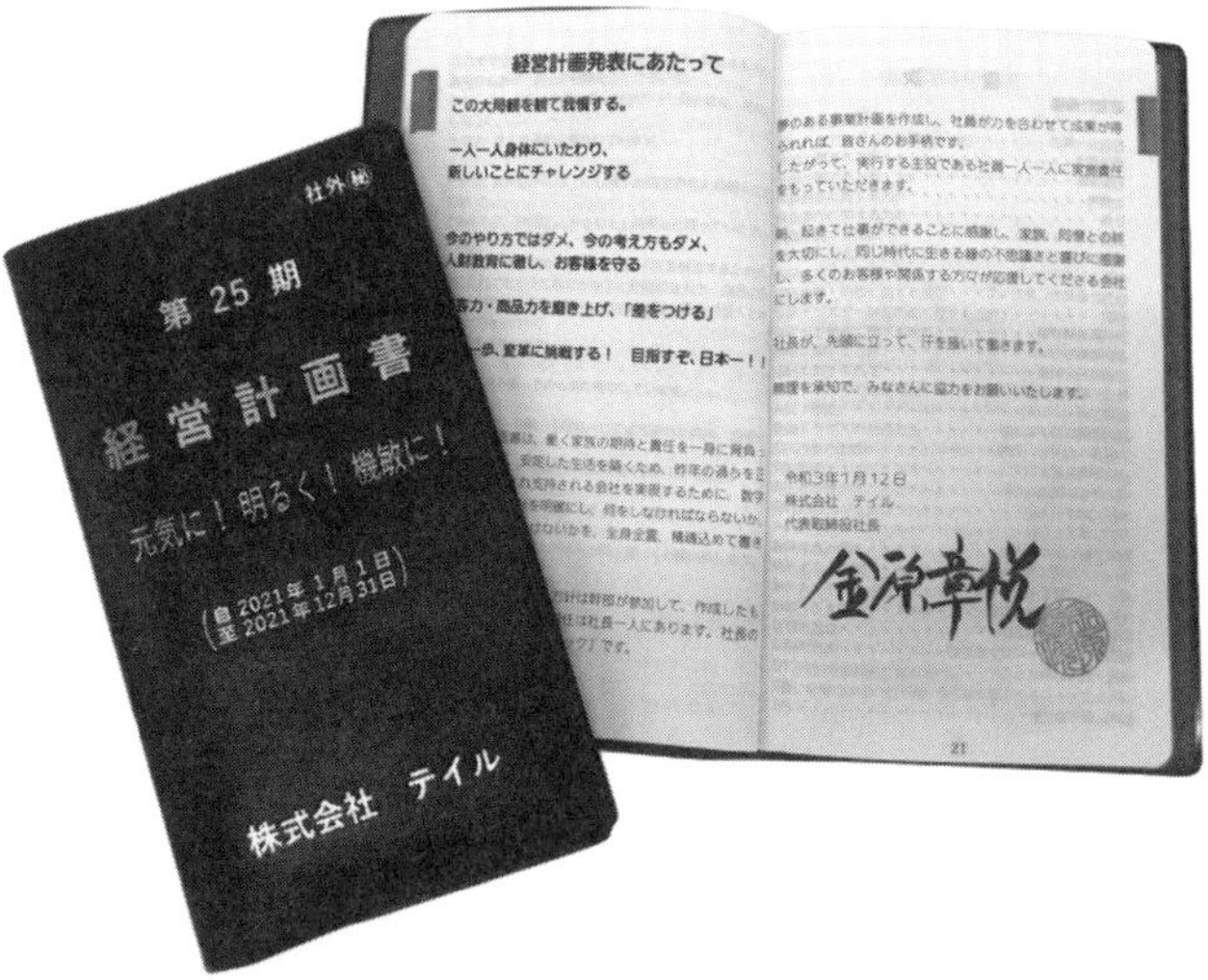

くなったことです。

経営計画書というルールブックによって、この会社では「何をすればいいのか」「何をしたらダメなのか」が明確になったからです。

スポーツでもなんでも「ルール」があります。そのおかげでゲームに集中できます。逆に「ルール」がないと、何をどうすればいいかわかりません、ゲームそのものが成り立たなくなります。

この「ルールブック」によって仕事がやりやすくなり、それが彼らが明るくなることにつながったのだと思います。

最近は「夢合宿」という研修にて、役員、幹部5人が方針ごとにアセスメント（話し合い）を行い、作成、提案してくれています（前ページ写真下）。幹部と一緒に作成することで、経営に参画させるようにしています。自分がつくったものですので主体的にマネジメントにかかわっていくのです。

■経営計画書は金融機関との関係をガラリと変える仕組み

●金融機関から融資をしていただける立場に

経営計画書は、「資金繰り」の面でも、当社に大きなプラスの作用をもたらしてくれました。**経営計画書によって金融機関から融資をしていただけるようになった**からです。

武蔵野に入会するまで本当にお金がありませんでした。そもそも会社の経理そのものがメチャクチャでしたから、お金の出入りも不透明。恥ずかしながら、社員に給料を払えない月もあったくらいです。

それが、経営計画書を作成するようになったことで、会社の「お金」に関する仕組みも整っていきました。

経営計画書には「当社はこういう会社です」ということが明確に示されています。会社が目指しているもの、ビジョン、共有している価値観から、今期の経営目標、長期の事業計画、利益計画、社員たちが守るべきルールまで、すべてが記載されています。しかも、毎年、内容が更新されるので、経営計画書を読めば、現在と未来が理解できる。金融機関は、まずその点を評価されます。

そして、この経営計画書の内容が、組織にきちんと落とし込まれているかがわかるのが、**経営計画発表会**です。経営計画発表会は毎年開催され、すべての金融機関の支店長とご担当者様、その他の来賓の方々などをご招待して、その年の「経営計画書」の方針の内容を解説させていただきます。

金融機関の皆様は、私の話の内容はもちろんですが、むしろ社員たちの立ち居振る舞いや姿勢を見て、社長の言葉にウソがないことを判断されるようです。

ですから、経営計画書を作成するようになってから驚いたのが、発表会の後、金融機関の方々から、融資の提案をいただけるようになったことです。

それまでは、「金融機関からお金を借りる」＝「頭を下げて、こちらからお願いして借りる」という発想でした。

それが経営計画発表会を行ったことで、逆に、金融機関のご担当者様から、「もっとお金をお借りになりませんか？」というご提案をいただくようになったのです。

なお、融資をいただいた金融機関には、定期的に訪問をし、経営計画書をもとに現在の売上や利益の状況、今後の見通しや、資金需要などを報告しています。こうしたことも、金融機関の方々から安心してご融資いただける理由の1つです。

ちなみに、現在、融資を受ける際には、**個人保証なし、無担保、無保証で借りられる**ようになっています。それだけ会社として金融機関に信用してもらえるまでになっているのでしょう。

●コロナ禍で改めて気づいた「キャッシュの強さ」

現在の資金繰りはというと、**現預金が18億4500万円で、借入が19億円**です（2020年12月現在）。その差額は5500万円ですから、**実質、無借金経営**です。

「キャッシュ（現金）」を持つことの強さを実感したのが、今回のコロナ禍です。

十分なキャッシュを持っていたおかげで、コロナ禍の中にあっても、店舗の家賃や従業員の給与等を滞ることなく支払うことができ、お客様数の減少や営業時間の短縮といったマイナス要因はあるものの、休業することなく粛々と営業を続けることができています。

しかも、**社員の給与については、基本給を満額で支払い続けています**。休業や営業自粛を余儀なくされている企業の場合、給与を2~3割カットしているところも少なくないと聞きますから、これは非常に社員たちからも感謝してもらっています。それどころか、逆に、社員たちからは、「社長、ストレスが溜まっていませんか?」「大変な時期ですが、社長、身体を大事にしてくださいね」と気遣ってもらえるほどです。

こんな温かい言葉をもらえると、やはりうれしいものです。

■人事評価制度で「やるべきこと」が明確に

●キャリアプランも明確になり、社員のやる気が引き出される

昔の私は、鉛筆ナメナメしている社長でした。そんな経営者のもとで働くと、社長の都合で給与・賞与が決まるため、働いている人たちがイヤな思いをします。

ようやくそのことに気づくことができ、**人事評価制度**を導入。**「頑張れば評価される仕組み」**づくりに注力してきました。

人事評価制度については、大きく2つの効果をもたらしています。

1つが、**評価を上げるためにやるべきことが社員一人ひとりに明確になった**ことと、もう1つが、**社員それぞれのキャリアプランが明確になった**ことです。

人事評価制度を導入したことで、この状況が180度変わりました。この人事評価制度では、**「評価シート」**に基づき、半期ごとに評価されます。評価シートの内容は、社員たちにオープンにしているので、社員たちは何をすれば評価が上がるのかを理解しています。

たとえば、店長までの社員は、「業績」だけでなく、「上司からの評価」（プロセス評価）や「会社にどれくらい関われているか」（研修などに参加して得られる方針共有の点数、環境整備点検の点数）という部分が重視されます。

一方の部長職以上の場合は、会社にとっての「新たな稼ぎ」をつくり出すことが求められますから、評価もそこをベースに行っています。

そのため、「もっと評価を上げたい」社員は、評価シートで求める成果を上げれば、確実に評価を得ることができます。これが効果の1つ目です。

また、この人事評価制度では、年収・役職等に基づいて1グループ〜7グループの7つのグループが設定され、どのグループでは、どれだけの給料がもらえるかの道筋が明確になっているわけです。これが2つ目の効果、「キャリアプランの明確化」です。

そして、これらの効果がもたらしたものは、**仕事に前向きに取り組む社員が増えていった**ことでした。

この評価制度は、経営計画書に書かれているルールを実行し、かつ環境整備や社員研修、会社の勉強会に積極的に取り組んでいけば、おのずと点数がよくなる仕組みです。これは言ってみれば、もっとよい会社にしていこうと、日々、頑張っている社員の、その「頑張り（プロセス）」を見逃すことなく、きちんと評価してあげるということです。

「結果」だけでなく、そこにいたるまでの「頑張り」も評価する。頑張っていることを他人から認められれば、ポジティブな感情も生まれやすくなります。そして、それが次のモチベーションを引き出し、「結果を出す」ことにつながっていくのです。

●店長までは相対評価、部長以上は絶対評価の理由

1G《グループ》（新卒を含む一般社員）から4G（店長）までは、直属の上司が相対評価で評価します。一方、**5G（ブロック部長）から7G（取締役）については、社長が絶対**

評価で評価します。４Ｇまでの社員は直属の上司が、５Ｇまでの社員は社長がマネジメントすることで、組織をピラミッド型にするための工夫です。

４Ｇまでの相対評価では、人事評価基準書に基づいて評価した数値で、**上位25％はA評価、次の55％がB評価、下位20％がC評価**とランク付けしていきます。つまり、仮に社員が１００人だとすれば、A評価の人が25人、B評価の人が55人、C評価の人が20人という割合になるわけです。

人事評価を導入してみて感じたのは、全員が納得する評価は得られないということ。全体の25％は評価結果に納得し、55％は普通、20％は評価結果に納得しない事実でした。そこで、この割合をA～C評価の配分にも割り当てています。

役職・グループ表と評価シート

役職	グループ
取締役	7 グループ
本部長	6 グループ
	5.5 グループ
ブロック部長	5 グループ
	4.5 グループ
店長	4 グループ
	3.5 グループ
副店長	3 グループ
	2.5 グループ
主任	2 グループ
一般	1 グループ

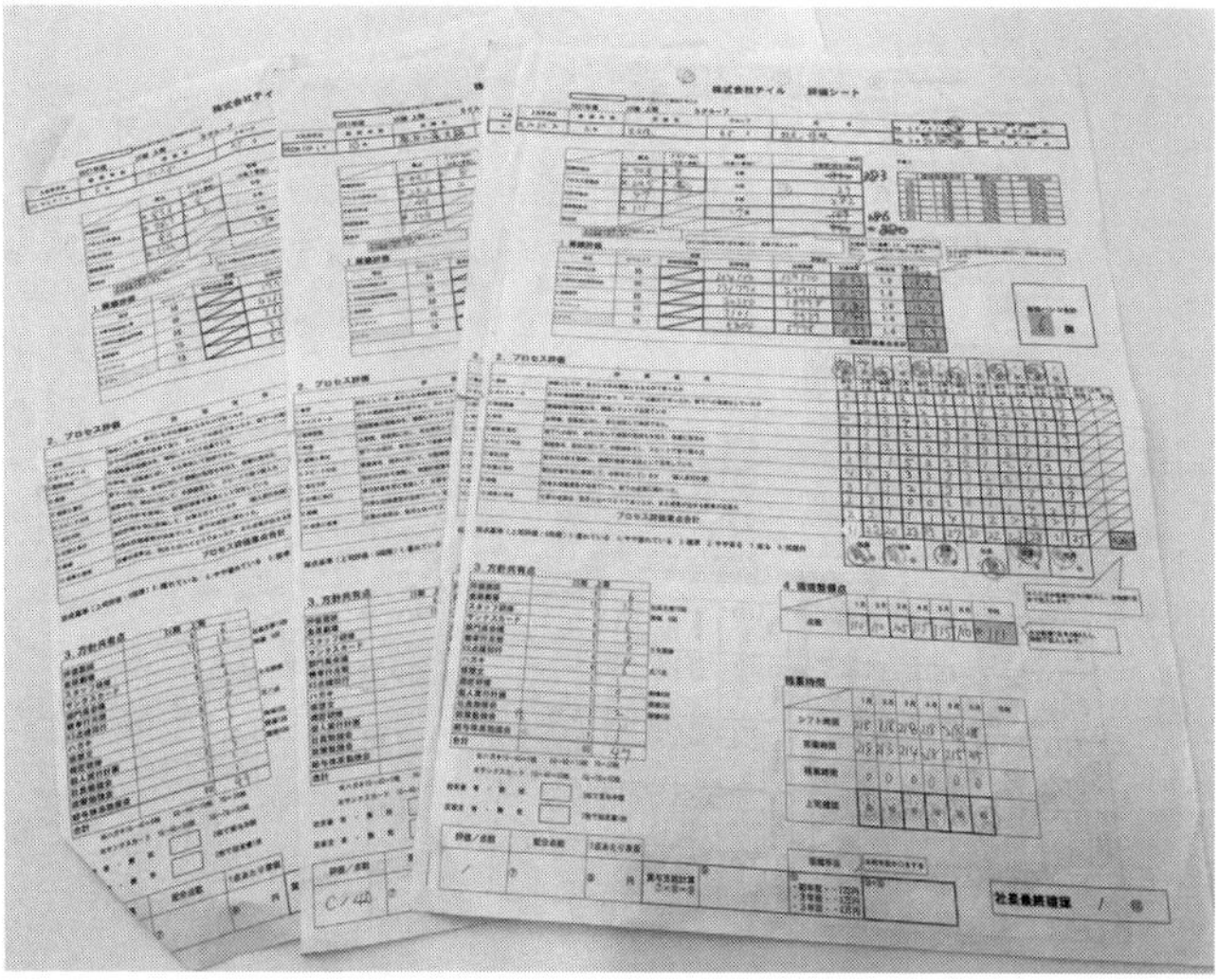

■ランク付けは、社員のやる気に火をつける

●「結果」だけでなく、「頑張り」（プロセス）も評価する仕組み

人事評価制度とそれに連動した賃金制度の整備は、以前から、なんとしても進めていきたいと願っていたものでした。そして、その効果は期待通りのものでした。

まずなんといっても、**評価がオープンで明瞭なものとなり、それに基づいて公正に給与や賞与が決められるようになったことで、社員たちから「お金」に関する不平不満をほとんど聞かなくなった**ことです。

私のスタンスも変わりました。給与や賞与をケチったばかりに社員に辞められてし

ランク付けはモチベーションの源

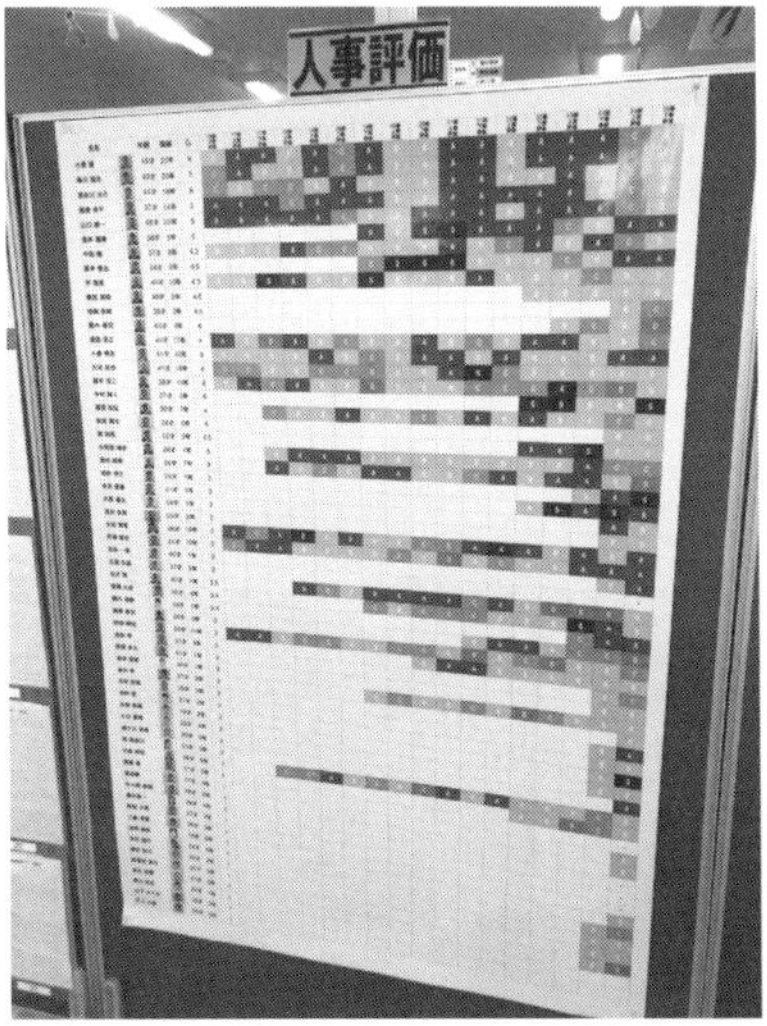

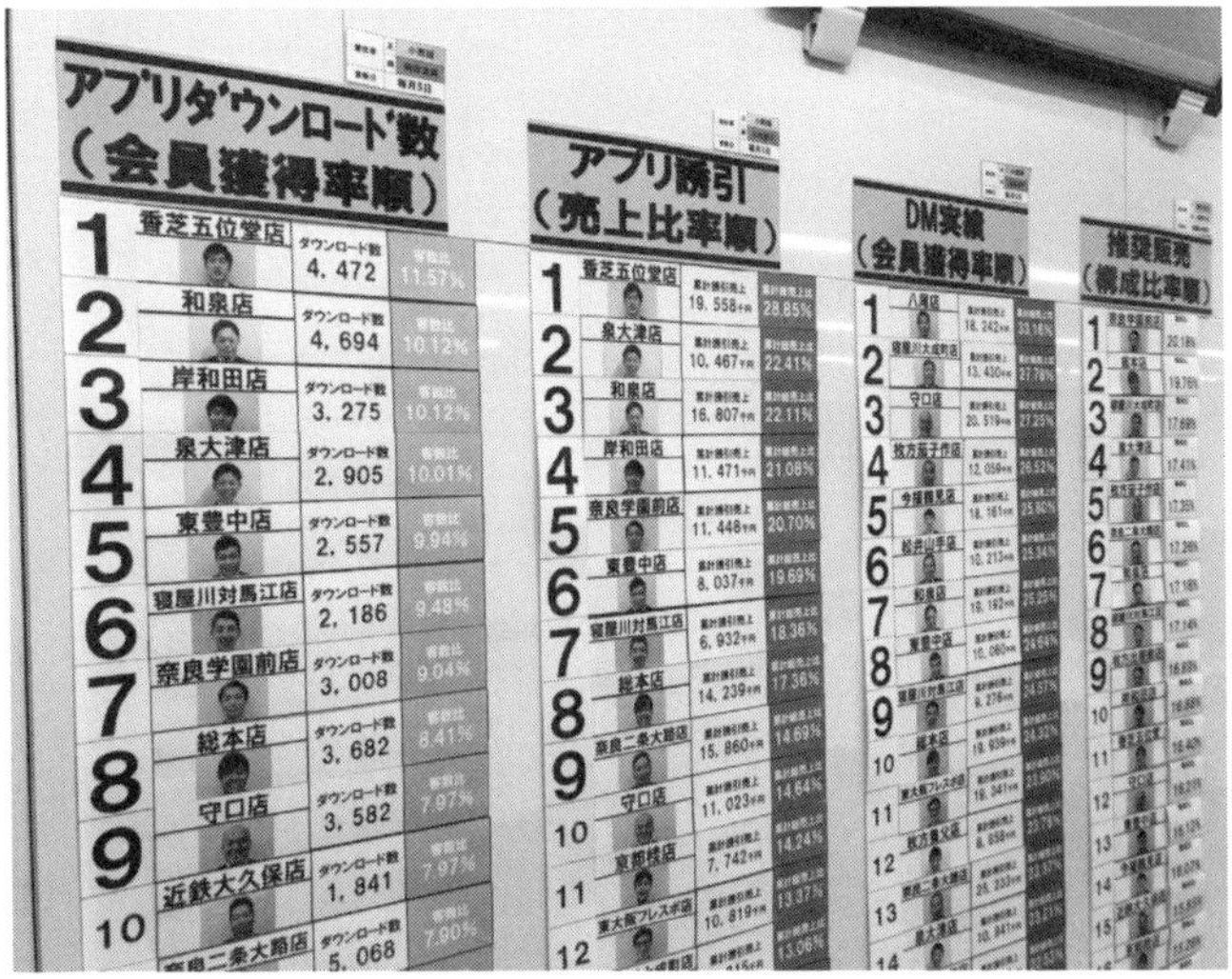

まうと、じつは会社にとって大きな損失になります。というのも、会社はその社員を成長させるために、かなりの教育研修費を支払っているからです。

こうした事態を避けるために、その社員の頑張りに見合うだけの給与や賞与を渡し、毎年、昇給をさせる。昇給は、「この1年も頑張ってほしい」という社長からのメッセージでもあり、社員の「やる気」をお金で買うことにしたわけです。

「お金」で社員のやる気を買うのですから、**給与や賞与の額をケチるのはご法度**だと肝に銘じています。

ただ、給与の場合、賃金表によって基本給がある程度、固定化され、かつ昇給は1年に1回なので、その人の頑張りを認めてあげるにも限界があります。なので、こちらからたっぷりの「愛」で、社員のたっぷりの「やる気」を買う最大のチャンスは、年2回の「賞与」です。

そこで当社では、頑張った社員にはたっぷり賞与を渡すことにしています。どれくらい渡すかというと、**7桁**、つまり何百万単位のお金です。長谷川大介が受け取った際に**「手が震えます」**と言ったほどです。

●人は、今の自分の「順位」に興味がある

また、**半期ごとのランク付け**も、それぞれの社員のやる気を引き出す大きな要因となっているようです。

この人事評価制度では、評価によって算出された点数で社員たちのランキングを出し、全社でオープンにします。本社にはランキング表も貼り出されます。こうすると、今自分がこの組織で何番目の位置にいるかがわかります。

大人になってこうした順位表がオープンになることに抵抗があるのではと思いきや、これが結構、好評です。人というのは、自分がこの組織で「何番目なのか」といったことに、じつはとても興味があるのです。

さらに、自分の現在の順位を知ることで、次に向けてのやる気に火がつきます。

たとえば、自分より格下だと思っていた人間が、自分より上の順位にいれば、「なんで、俺があいつより下なんだ！」と悔しくなり、その感情が強いエネルギーとなって、「次は勝つ！」という頑張りにつながっていきます。

また、自分が下位のほうにいると、「なんとしても、もっと上に上がりたい」という思いが強くなり、これまたやる気に火がつきます。

●敗者復活のしやすさが「やる気」を引き出す

ただ、ランク付けを「やる気」に連動させていくには、じつはそれなりの「仕組み」が必要です。

それは、**「敗者復活が可能」**ということです。トーナメント戦ではなく、リーグ戦。つまり、1回負けたら、そこで「終わり」ではなく、今回、負けても、次頑張れば順位がアップする仕組みです。

評価は半期に1回行われるため、今の順位にいるのは、せいぜい半年間。非常に流動的です。

そのため、今回上位に入れても、半年後はどうなるかわかりません。そう考えると、うかうかしていられません。一方、今回は下位になってしまっても、気持ちを入れ替えて次の半期を頑張れば、上位に行くことだって可能です。

また、基本的に、評価のモノサシは「その人自身の成長」に置いています。つまり、A評価、B評価といったものは、他者との比較による相対評価の形をとっていますが、**評価そのものは、他者と比較するのではなく、その人自身の「過去と現在」とを比較する形をとっている**のです。「前月に比べて今月は上がっているか、下がっているか」です。

こうしたモノサシも、敗者復活ができることにつながっていると思います。というのも、評価をアップしようと思えば、「過去の自分」より頑張ればいいだけだからです。競争相手はあくまでも「過去の自分」。こんな具合に自分自身にベクトルが向いているので、頑張れば評価を上げやすいし、その結果、敗者復活ができるのです。

そもそも人それぞれ考え方も性格も違うので、持っている知識やスキル、技術も違います。そうした異なる中身を持つ者同士を比べても、意味がない。

ですから、人事評価でのモノサシは、「人よりこれだけ優れている」ではなく、「過去の自分より、これだけ成長した」を評価の鉄則としています。

評価のモノサシは本人の成長度合い

だからこそ、当社での社員同士の競争も、互いに足を引っ張り合うようなネガティブなものではなく、自分をより成長させるためのポジティブで健全なものになっているのだと思います。

■パート・アルバイトも評価制度によって強力な戦力に

●お客様にとって「社員かパート・アルバイトか」は関係ない

パート・アルバイトという雇用形態で働いてくれている人が800人ほどいます。社員の人数が70人ですから（2020年12月現在）、パート・アルバイトの数はそのおよそ11倍です。

この数字からもわかるように、パート・アルバイトの方々で運営しているといって過言ではありません。実際、各店舗での社員の人数は1～2名、多いところでもせいぜい3名。それ以外は、パート・アルバイトです。

ただ、お客様からは、社員かパート・アルバイトの区別は関係なく、皆「きん太のスタッフ」です。ということは、社員だろうがパート・アルバイトだろうが、同じレベルの接客が求められます。「この人はアルバイトスタッフだから、この程度のサービスしかできません」では許されないのです。

こうしたことは、多くの飲食業で言えることだと思います。そのため、飲食業において、パート・アルバイト戦略は非常に重要です。

基本方針は、**「店舗内では、社員とパート・アルバイトの垣根を取っ払う」**です。

社員とパート・アルバイトで異なるのは、雇用形態と勤務時間のみ。店舗運営においては、社員、パート・アルバイトの立場の違いに関係なく、誰もがほぼすべての業務ができるようになることを求めています。

そのための仕組みとして導入しているのが**「ファイブスター評価制度」**です。

●ファイブスター制度とは？

ファイブスター評価制度とは、読んで字のごとく、パート・アルバイト用の人事評価制度です。店舗運営で求められるスキルを項目化し、習得したスキルが増えていくにつれ、★1つ、★2つ、★3つ……と★の数が増えていきます（なので「ファイブスター」）。そして、この★の数は時給に連動していて、★の数が増えるにしがたい、時給も上がっていきます。

評価に際しては、店長、あるいは店長にブロック部長も同席しての面談が行われ、評価される当事者に評価内容がフィードバックされます。もちろん、当事者はその評価に納得がいかなければ意見を言ってもOK。こうして両者でコミュニケーションをとりながら、できるだけお互いが納得いく形に落とし込みつつ、最終的に店長が評価を決定します。

パート・アルバイトは、店舗で求められるスキルに、日々の仕事で一所懸命取り組めば、★の数を増やしていくことができます。それに伴い時給も上がっていきます。つまり、ファイブスター制度があることによって、パート・アルバイトにとっては「何をすれば、★が増え、時給が上がるか」が明確になっているのです。

その結果、何が起こるかというと、向上心のあるパート・アルバイトの場合、「時給アップ」が動機づけとなって次々と店舗運営のスキルを習得していってくれるのです。

そして、**4スター以上のパート・アルバイトであれば、社員と同じレベルで店舗を管理して運営していける**ようになります。

こんな具合に、パート・アルバイトにも明確なキャリアアップの機会を提供している会社の姿勢を気に入って、学校卒業後、新卒としてテイルに入社してくれるパート・アルバイトもいます。

このファイブスター制度の運営により1泊2日の社員旅行などで、**全店舗で終日社員が不在でも、パート・アルバイトだけでお店の運営をしていける**ようになっています。

こうした話を、同じ飲食業界の方々にすると、一様に驚かれます。というのも、飲食業界においてパート・アルバイトだけで（つまり社員なしで）運営することはあり得ないことです。

これも、環境整備を実施していることが大きいでしょう。

すでに述べたように、環境整備で仕事の見える化・統一化を進めていったことで、店舗でのさまざまな業務が「誰でもできる」形になっています。そのため、社員不在でパート・アルバイトだけでも店舗をうまく運営していけるわけです。

もちろん、今のレベルになるまではかなりの時間を要しました。その中ではたくさんの失敗もありましたし、お客様からも膨大な数のクレームを頂戴しました。パート・アルバイトたちの教育を続けて、それらを1つひとつ解決していきながら、なんとか今のレベルになっていったのです。

社員たちにはパート・アルバイト以上に、教育を続けています。具体的にどのような教育を行っているか、次章でご紹介しましょう。

第4章

最強の接客力を生み出す
テイルの「社員教育」

■社員教育への出費は惜しまない

●社員たちを武蔵野の研修に送り込む

武蔵野で学ぶと、まわりに優秀な社長がたくさんいます。そうすると、自分もそのような社長、会社になりたいからと、あれもこれもと研修を取り入れたくなります。私もそうでした。

しかし、小山社長との面談の際に、こう言われたのです。

「金原さん、後ろを振り返ったことありますか？　周回遅れの社員がたくさんいるから、やめなさい」

つまり、環境整備なら環境整備で、1つのことがしっかり定着するまで、腰を据えてやる、他はやらない、やめるということを教わりました。

そこで、小山社長からアドバイスされたのが、**「会社を本気で変えたいのなら、金原さんだけでなく、社員全員を巻き込んで一緒に勉強しなさい」**。


この教えを受け、社員たちを武蔵野の主催するさまざまな研修に送り込むことにしました。

最初にナンバー2の小西に「実践幹部塾」に参加してもらいました。受講後の彼の成長ぶりに、「これはいける！」と確信。その後、ナンバー3の森川やナンバー4の長谷川なども一緒に実践幹部塾に参加させることにしました。それを通じてこの幹部3人にはしっかりと「武蔵野流」が染み込んだようで、私が実現しようとしていることを理解し、さまざまにサポートしてくれるようになりました。

その後は、幹部以外の社員たちにも、研修参加を広げていきました。たとえば、若い社員であれば「実践社員塾」、店長であれば「実践幹部塾」や「社員セールス研修」などです。

これらの研修の中にはかなり過酷なものもあり、受講後、戻ってきた社員たちに聞くと、とりわけしんどいのが「社員セールス研修」なのだとか。これは相当に理不尽な研修のようで、「謝り方が悪い！」と何度も「申し訳ございません」を言わされたり、「いらっしゃいませ」の練習でも「全然、心がこもっていない！」と繰り返しダメ出しされたり。

そうやって理不尽な体験をさせることで、彼らに自分の殻を破らせ、さらなる成長を促す研修といえます。

かなり精神的に追い詰められるそうで、「久々に泣きましたよ」という感想を述べる社員もいるくらいです。

ただ、受講後の社員たちを見ると、そのほとんどがスッキリとした表情をしています。研修でみっちりしごかれる中で自分の限界を突破し、自分の殻を破ることができたのでしょう。

さらに現在は、昇進・昇格の際には、その都度、指定する研修に参加してもらうようにもしています。

こうした繰り返しの中で、私が学び実践していることが、今では社内全体に浸透していると感じます。

環境整備にしても、当初は大半の社員が「面倒な仕事が増えた」と感じていたと思いますが、今はそのメリットを十分に理解し、積極的に取り組むようになってくれています。さらに、それは社員たちからパート・アルバイトにも伝えられ、環境整備はいまやきん太の全店舗にとって「一大イベント」になっています。

●10年間で使った教育研修費は2億円

現在、外部の研修に参加する以外に、自社でもさまざまな研修を行っています。社内で行う場合でも、社外で行う場合でも、研修はタダではありません。というより、かなりの費用がかかります。

この11年間にかけた**社員の教育研修費は2億円**（2021年5月現在）。

これは結構な金額です。他の方々に、「教育研修費にはこれだけ使っています」と話をすると驚かれます。そして、たいていの場合、「なんで社員にそんなお金をかけるんですか？　お金がもったいないないですか？」と聞かれます。

私自身も、正直に言えば、こうした経営者の方々と同じような考え方でした。

しかし、**「人の成長なくして、企業の成長なし」**という考えに変わった結果、社員たちの教育研修にたっぷりのお金を投資するようになり、その結果、会社は大きく成長。**投資した分は、しっかり回収できている**わけです。

こうした経験を踏まえ、教育研修費は出し惜しみしないのが、今では当社の鉄則となっています。

■本当に身につく研修のポイントは、「徹底的な繰り返し」

●同じ内容を繰り返し学ぶことで、インプットを確実にする

社内研修では、価値観の共有や、接客や調理など店舗業務のスキルアップ、店長以上の社員にはマネジメント力の育成といったことを行っています。

社内研修を積極的に実施するようになって10年以上が経ちますが、社員やパート・アルバイトたちが確実に成長していることを実感しています。

社内研修の基本は、**「同じ内容を繰り返し学ばせる」**です。

たとえば、「環境整備点検の同行」では、毎回、点検する項目は同じです。そして、「良い・悪い」の判断基準も変わりません。それを毎月1回、必ず行うわけです。

同じ内容を繰り返し学んでもらうのは、インプットを確実にするため。人は1回や2回教えられてもできるようにはなりません。「何十回と繰り返し教えられて、ようやくできるようになる」のが現実です。また、同じことを何十回も聞けば、記憶からも消えにくくなります。

さらに、社員研修を繰り返すことで、**研修で一度盛り上がった「やる気」を消さない**意図もあります。

研修中やその直後は「俺も頑張るぞ！」と盛り上がるけれど、3日、1週間、3週間……と経つうちに、その盛り上がりが消えていく……というのは、研修受講者の「あるある」だと思います。

せっかく点火された社員やパート・アルバイトたちのやる気の火を灯し続けるために、研修では同じ内容を繰り返し学ばせています。

●社内研修の講師は社員が担当する仕組み

研修のいくつかは、参加すると「ハンコ」がもらえる仕組みになっており、ハンコの数は、「方針共有の点数」として、半期に1回の評価に反映されます（つまり、給与の額に影響するわけです）。また、**ハンコが50個たまると、2万5000円分の商品券と交換**することができます。

また、社内勉強会や社内研修は、当初、私が講師を務めていたのですが、回数を積み重ねるに従い、講師役ができるレベルにまで成長した社員も出てきて、今ではそうした社員たちがメインで講師役を務め、私の出番は一部の勉強会や研修のみになっています。

社員が講師役をするメリットは、彼らが「先生」と「生徒」の両方を経験していることです。そのため、「生徒」の目線や考え、気持ち、どこで間違えるかといったことがわかり、非常にわかりやすい教え方をしてくれます。

立場を変えると景色が変わり、相手の気持ちになって考えることができます。そして常に自分に矢印を向けることができ、気づきが生まれてくるのです。

■「上司スキル」がアップする「面談」の仕組み

●部下を持たせることが、最高の社員教育

社員の成長を加速度的に進ませるには、その社員に部下を持たせることです。**「人を教育していくことで、自分も成長していく」**。私自身さまざまな経験をする中で、本当にその通りだと実感しました。今では**「部下を持たせることは、最高の社員教育である」**が持論です。

部下を持つと、その部下の世話をし、育てていかなければなりません。そのためには、相手の話を聴くことが求められます。

話に耳を傾けないと、部下が今、何に躓《つまず》いているのか、何に困っているのかがわからず、問題解決をサポートできない。また、何がモチベーションを上げるかもヒアリングできず、やる気を引き出してあげることもできません。

そのため、部下を持つと、おのずと人の話を聞くようになり、聞く力を身につけるようになります。

また、部下を育てるには、「相手の気持ちを考える」ことが不可欠です。気持ちを考えないまま、一方的に「あれしろ、これしろ」と言う上司では、部下の心は離れていくばかりです。これは、当社がブラック企業だった時代に、まさに私が社員たちにしていたことであり、その結果がひどいものになることは、私自身、身に染みて体験してきました。

そうした事態を避け、部下に信用してもらえる上司になるには、相手の気持ちを思いやろうとするスキルも身についていきます。

そこで入社した社員にはできるだけ早いうちに「店長」(責任者)として店を任せ、

部下を持たせるように努めています。早い人だと、**入社1年で店長に大抜擢**したりします。

さらに、店長として数年程度経験を積んだあとは、いくつかの店舗を管理するブロック部長に昇格させ、より多くの部下を持たせるようにしています。

最近は新卒採用を積極的に行っているため、20代半ばくらいで店長になる社員が大半です。そうなると、ベテランのパートさんの中には、自分より年上で経験が長い人がたくさんいます。

新卒採用第一期生の小和田崇史《こわだたかし》も、入社1年半後に店長になり、相当苦労をしたといいます。

「お店には自分の母親よりも年齢が上の人もいましたし、15年目とか10年目とかのパートさんもいました。その人たちとどう接していいのか、最初は距離の縮め方がわからなかったです。立場で言ったらこっちが上ですけど、今までやってきたことを考えたらあちらのほうが上です。そうした方たちとコミュニケーションをとり、接客や環境整備の目標を達成しなければならない。上の人たちに励まされながら、必死にお店をまわしていたのが正直なところです」

このようなマネジメントの経験をすることで、若い社員たちがさらに力をつけていくのです。

●面談を通じて「上司スキル」を指導する

部下を育てていくには、部下としっかりコミュニケーションがとれていることが必要です。そのための仕組みとして、**「飲みニケーション」**の場を会社のルールとして設けています。

加えて人事評価のために、月に1回実施される**上司と部下との面談**の場も、両者がコミュニケーションをとる機会になっています。面談では、前回の面談で部下が設定した目標をどこまで達成できたのかをチェックし、さらに来月の目標も設定します。

飲みニケーションと違って、こちらはお酒が入らない分、真剣です。上司も部下も相手に対して、自分の意見や考えを伝えることが求められます。

しかし、これが苦手だという上司が少なくありません。つまり、部下に対して「言いたいことが言えない」。そして、中には、面談をしたくないために、部下と口裏を合わせて、「面談をした」とウソをつく社員もいます。「いい評価をつけておいてやるから、社長や幹部には『面談をした』ってことにしとけよ」というわけです。

こうした不正を防ぐために、現在、部長以上の幹部社員には社長の私が、部長以下の社員には幹部が同席する形で面談をさせています。上司・部下・社長（もしくは幹部）での3者面談です。

同席者の役割は、面談で上司が部下とコミュニケーションがとれているか、指導ができているかなどのチェックです。そして、そのチェック内容は社長である私に報告され、かつ本人にもフィードバックし、指導していきます。つまり、面談を通じて上司を教育するわけです。

この面談の仕組みによって、上司たちのスキルを上げることができます。

■接客教育の仕組み「スタッフ研修」で大きく変わる若者たち

●初心を忘れさせないために

当社が、店舗運営でもっとも大事にしているのが、「接客力」と「商品力」です。この部分では、決して地域のライバルたちに負けたくありません。そのため、とくに力を入れて行っているのが、接客マナーを徹底的に学ぶ**「スタッフ研修」**です。商品力については、第6章で述べます。

スタッフ研修は、毎月1〜2回開催しています。

「いらっしゃいませ」「ありがとうございました」「申し訳ございませんでした」といっ

た接客用語、「礼」や「気をつけ」などの姿勢、ストップ&モーション（動作を止めてから挨拶をすること）、接客の際に欠かせない言葉や動作を身につけます。

研修では、社員が交代で講師役を務めるほか、外部の講師も、話し方や動きなどを指導します。大手のファストフードチェーン店などでは、ビデオを使って接客マナー研修をするケースも多いようですが、当社では講師の方に指導していただいています。

その理由は、現実・現場のほうが、細かいところまで指導できるからです。四方八方から講師の動作を見ることができ、スタッフたちがより綺麗な動きをマスターしやすくなります。


パート・アルバイトの人は、採用されたら3カ月以内にこの研修を受講しなければいけません。そうして働く人全員に、同じ研修を受講してもらうことで、お客様がどの店舗に来店しても、均一の接客を受けていただけるようにしているわけです。

また、この研修は、一度受講したら終わりではなく、**社員、パート・アルバイトとともに、年1回の受講が義務づけられています**。

スタッフ研修で社員・パート・アルバイト全員が接客を学ぶ

なぜかといえば、人間というのは慣れによって、「基本」を忘れ自分流になっていくからです。その結果、いい加減な接客になる。そこで決められたことを守るために基本の振り返りをして、接客マナーを守らせていく仕組みです。半期に1回、受講し、初心に戻ってもらう、というわけです。

●パート・アルバイト同士が仲間意識を持つ機会になる

研修時間は4時間くらいですが、終わった頃には、参加者のほとんどが、ヘトヘトの状態になります。

パート・アルバイトには10代の人も多く、「きん太で初めてバイトをする」という人も少なくありません。それが、4時間もの間、「接客」なんて慣れないものを仕込まれるわけです。普段とは違う頭を使うことになるため、ヘトヘトになって当然でしょう。

ただ、この4時間の研修で、大半の参加者は大きく変わります。最初は「何が始まるの……」という不安いっぱいの表情をしていた人たちが、研修が進むにつれ、どんどん生き生きとしてきます。最初は口の中でモゴモゴ言っていた接客用語も、だんだんハッキリ大きな声で言えるようになり、笑顔もつくれるようになっていきます。1つひとつの動作もキビキビしたものになっていきます。

こうした変化には、研修全体がゲーム感覚で行える内容になっていることが大きいです。若者たちの気持ちをくみ取り乗せていく講師の方の力量にも感謝しかありません。

こうして4時間後には、参加者のほとんどが店舗に出しても恥ずかしくないレベルにまでは接客マナーをマスターしてくれます。

研修の効果はこれだけではありません。この研修で4時間、初対面の人たちと一緒にさまざまなワークに取り組んでいく中で、仲間意識が芽生えていきます。

研修終了後には、今どきの若者らしくSNS等でつながり、その後も交流を続け、ときには店舗の垣根を取り払ってパート・アルバイト仲間での飲み会なども開いたりしていると聞きます。

パート・アルバイトたちがこうした仲間意識を持って働いてくれることは、店舗の雰囲気をよくするだけでなく、そのチームワークによって**店舗全体の「総合力」アップ**にもつながっていきます。

スタッフ研修で接客マナーをみっちり仕込んでも、それなりの接客しかできない人もいます。ただ、チームワークがいいことで、そうしたスタッフを接客上手なスタッフがうまくフォローしてくれます。その結果、店舗全体としてお客様にご満足いただける接客ができるようになるわけです。

スタッフ研修をするようになってから、こうしたチーム力がアップする効果にも気づかされました。

その他、**スタッフ研修に参加しているパート・アルバイトはクレームを起こしにくい**こともわかりました。反対にスタッフ研修に参加しないアルバイト・パートさんに限り、クレームを起こしやすい傾向があります。その意味で、クレーム予防にもなると思います。

教育をしないと人は育たないとあらためて思います。
未来に投資しなければ成長はできません。
教育なくして企業の成長はない。惜しみなく投資していきます。

■不正が起きにくい仕組みのつくり方

●現金を扱うと不正が起こりやすい

飲食業や小売業など、日々の業務で「お金」を扱う現金商売では、じつは従業員による**「不正」**が起こります。具体的には、レジのお金を横領したり、商品を持ち出したり、飲食店であれば、厨房の在庫を持って帰ったり……などです。

表沙汰にならないだけで、現金商売の店舗の多くで、こうした従業員の不正が日常的に起こっていると思います。

人間はそもそも弱い生き物です。自分の生活が苦しいときに、目の前にお金や換金できそうな商品があれば、「ちょっといいだろう」と魔がさしてしまうこともあるでしょう。

さらに、飲食業の場合、こう言ってはなんですが、素行やモラルに問題のある人でも、採用されやすかったりします。他業種と異なり、来るもの拒まずで、相手をよく吟味しないまま、即採用というケースが少なくないのです。比較的規模の小さい飲食店ほど、そうした傾向は強いと言えます。

その結果、従業員の不正が起こりやすくなってしまう側面はゼロではありません。

●不正した従業員ではなく、不正をさせた社長が悪い

こうした不正は昔からありました。なので、私自身、従業員が店のお金を盗んだという報告を受けても、今さら驚かなくなりました。

といっても、「飲食業において、従業員の不正が起こるのは当たり前。そのままでいい」と見逃していたわけではありません。以前は、レジ等で現金がなくなった場合、そのときレジを担当していたスタッフになくなった分の現金を請求していました。ただ、それをしてしまうと、「不正を不正で隠す」ということが起こりやすくなります。

つまり、うまくレジを操作して自分が盗んだことを巧妙に隠すのです。

こうした状況に私も「どうしたものだろう……」と悩んでいました。この悩みを小山社長に相談したところ**「不正をした従業員が悪いのではなく、不正をさせた社長が悪い。従業員が不正をするのは、社長が『不正をしてもいい』という方針になっているから。不正をなくしたいのなら、不正されない仕組みをつくればいい」**と教えてくださいました。

普通に考えれば、不正が起きたとき、悪いのは「不正をした人」です。信じていた従業員から不正をされた私（社長）はかわいそうな「被害者」のはずです。

ですが、社長である私が、「不正のしやすい職場」をつくってしまったので、彼らは悪魔のささやきに負けて、不正を働いてしまったとも考えられる。そうすると、たしかに社長である私に責任があります。

であれば、私にできることは、従業員に「不正」という罪を犯させない職場をつくること。つまり、店舗において不正をさせない「環境」や「仕組み」をつくっていくことなのだと気づいたのです。

●不正を防止する「環境」や「仕組み」をつくる

私は思いついたら即行動というタイプなので、さっそく不正を未然に防止するため「環境」や「仕組み」づくりを開始しました。

たとえば、「環境づくり」としては、すべての店舗で、レジの上やバックヤードに防犯カメラをつけることにしました。そうすることで、レジからお金を持ち出したり、レジを不正に操作したり、バックヤードから在庫を盗んだりすることをしにくくしました。

「仕組みづくり」としては、盗難・紛失、現金過不足、レジ金の不足等が起こった際の対応を明確化し、経営計画書でルール化しました。たとえば、「過失による盗難・紛失は100%個人負担とする」「1000円以上の現金過不足は、個人負担とする。個人負担の割合は当事者・上司・社長で3等分とする」といったルールです。

■「復活」の仕組みもつくる

●不正は社内でオープンにする

不正を未然に防ぐ環境づくり、仕組みづくりで、以前に比べて不正の発生率がかなり減りました。それでも、残念ながらゼロにはなりません。レジの上にカメラを置いても、「横領しよう」という意思のある人は、そのカメラの死角を狙って巧妙にレジからお金を引き出していきます。こうなるとまさにイタチごっこ。「不正ゼロ」の実現は、決して簡単ではありません。

ただ、たいていの不正は、いずれ発覚します。そして、いざ不正が発覚したら、当社では、それを**社内でオープンに**します。

成績であれ、給与や賞与の額であれ、社内恋愛であれ、良いことも悪いことも社内でオープンにする。事を大きくすると書いて「大事」と書きます。大事なのでオープンにするのです。不正についてもそれは同じ。「不正をした」という事実を、パート・アルバイトを含めた全従業員に対してオープンにし、当事者にはきっちりと痛い目に遭ってもらうのです。

これは、見せしめとか、嫌がらせで行っているわけではありません。「あなたは、これくらい大変なことをしてしまった」と反省を促すためです。

そして、そのとき、**きちんと反省できる人であれば、私は許します。そして、本人が「会社に残りたい」というのであれば、残します。**

不正が発覚した場合、本人が反省し、会社に「残りたい」意思がある場合は、基本的には残します。ただし、処分はしっかりと行います。「盗んだお金の全額返還」「降格」「1年間・賞与なし」です。こうした処分を行ったうえで、その社員の上司には本人の再生をサポートするように指示しています。

実際、そうして残した従業員は、その後、非常にいい仕事をしてくれます。

たとえば、数年前に、新卒で入社して、2年目に店長になり、その後すぐに、数店舗を監督するブロック部長になるというスピード出世をしたにもかかわらず、不正を犯してしまった浅井颯輝《あさいりゅうき》という社員がいます。

不正をしてしまった背景には、いろいろな事情があったようなのですが、優秀な社員だっただけに非常にショックを受けました。

不正が発覚したとき、彼自身は「クビになるだろうな」と思っていたようです。ところが、彼のことを昔から見てきた森川が「こんな形で辞めて、お前は納得するのか。会社に残って、ここまで目をかけてくれた社長に恩返ししたらどうだ」と残るように説得しました。こうした森川の言葉に彼の覚悟が決まったといいます。

その後、ご両親と一緒に私のところに謝罪に来られ、「もう一度、お世話になりたい。どうかお願いします」と言われました。

「しっかり頑張れよ」と言って、彼には残ってもらうことにしました。

それからの彼の仕事ぶりがすごかった。今回の不正でブロック部長から店長に降格となったのですが、ガムシャラに働き、人事評価でもA評価を獲得。1年後にはブロック部長に復帰しました。

不正をする以前から、仕事ができてスピード出世をした浅井に憧れる若手社員は多かったのですが、この復活でますますファンが増えたようです。私自身も非常に期待している社員の一人です。

●復活の機会を与えるのも、社長の仕事

人間は必ず失敗をします。いろいろな問題も起こします。私自身、これまでたくさんの失敗をし、不正もしたことがあります。

そして、失敗をしたり、問題を起こしたりしてしまったとき大切なのは、それを今後の人生にどう生かすかではないでしょうか。

失敗しても、人間には復活のチャンスがあります。経営者は、自分の会社で働いてくれている従業員の、そのチャンスを奪ってはいけないと私は考えています。

そもそも当社は地方の中小企業です。大手企業のようなエリート集団とは違います

し、そんな集団になることも目指していません。いろいろな人間がいて、その中でその人たちが一人ひとり成長していけるような環境をつくっていく。それも中小企業の社長の仕事だと私は考えるのです。

第5章

コミュニケーションの仕組みが、連帯感のある強い組織をつくる

■コミュニケーション力がアップする仕組み「飲みニケーション」

●コミュニケーションをとる仕組み

環境整備や経営計画書、人事評価制度、社員教育など、新しい仕組みが導入される一方で、新しい文化も根づいてきました。それが**「飲みニケーション」**です。

最近の風潮として、飲みニケーションは「昭和時代の悪しき慣習」と見なされ、多くの職場で避ける傾向があるようですが、実際、行ってみると、決してそんなことはないと実感します。というより、社員同士のつながりを親密にするのに、これほど優れたツールはないのでは？　と思うくらいです。

表面上の付き合いしかしていなかった人間同士でも、飲み会をすると、それ以降、距離がグッと近づきます。飲食は人を緩《ゆる》ませます。お互いにだんだん心を開き、会話がしやすくなるのです。

一方、仕事だけの付き合いだと、お互いに「心を開く」関係性にはなれないでしょう。そうなると、相手に対して言いたいことも言えない。

「仕事なんだから、別に心を開く必要などないのでは？」という考えもあります。しかし、人を育てようと思ったら、そうした関係性ではダメ。心を開かない上司にあれやこれや教えられても、部下の心にはほとんど響きません。心に響かなければ、その部下の成長にはつながらないのです。

本気で育てようと思うなら、上司は部下に対して心を開く必要があります。そうすれば部下も心を開いてくれるようになります。そこでようやく「育てる」という土壌が整えられていくのだと私は考えます。

私が目指しているのは、人を育てられる会社です。だからこそ、社員同士の距離をグッと近づける「飲みニケーション」は非常に大事なツールなのです。

その他、飲みニケーションは、社員の「離職」を減らす効果もあると感じています。離職理由の調査でつねに上位にランキングされているのが、「職場の人間関係」です。離職の理由になる「人間関係」には、パワハラやセクハラ、いじめなど、簡単には解決できないケースもありますが、「相性が合わない」とか「苦手」という程度であれば、実際にコミュニケーションをとってみると、そうした苦手意識などが解消されることはよくあります。

飲みニケーションの場で、仕事から離れリラックスした心持ちで相手とじっくり話してみると、「なんだ。意外と話のわかる人だったんだ」と気づかされることも少なくありません。その結果、関係がだんだんと改善していき、「ここで辞めないで、もう少し働いてみようか」と考え直してくれる社員も少なからずいます。

●新型コロナで再認識した「飲みニケーション」の効果

さらに、飲みニケーションは会社全体の連帯感を強めてくれます。実際、飲みニケーションの場がある会社とそうでない会社とでは、会社の連帯感が違います。さまざま

飲食を共にすると一体感が生まれる

な会社を見学させていただいて、そのことは強く感じます。

この点を再認識したのが、新型コロナの飲み会自粛の動きです。感染防止のため、会社の納会や忘年会などの社内行事を中止した会社も多いと思いますが、私どもも2020年は一度も飲みニケーションの場を設けることができませんでした。その結果、何が起こったかというと、以前ほどの連帯感を社内で感じなくなったのです。

社員同士の関係も前ほどよくなく、ギクシャクすることも起こりやすくなっています。上司と部下の関係でも、より親密な関係が築けていた頃と違い、部下を叱れない上司が増えてきている印象です。

飲みニケーションの場がないだけで、こんなに変わるものなのかと、私自身も驚いたのですが、それが現実のようです。職場の仲間と、仕事を離れて、定期的に飲んだり食べたりすることが、人間関係づくりにいかに重要か改めて認識できました。

新型コロナの感染が落ち着いてきたら、再び飲みニケーションの場を積極的に設けていくつもりです。

■飲みニケーションを盛り上げる仕組みもある

●「質問タイム」形式で、聞かれたことだけに答える

社長との「飲みニケーション」もちろん仕組み化しています。

このとき、やり方を一工夫することにしました。社長との飲みニケーションの場を、**「社長への質問タイム」**という形で進めることにしています。

社員たちは、日頃の仕事で疑問に感じていることや確認したいことなどを、社長の私に直接質問できます。そして、「質問」するとお互いにコミュニケーションをとることができ、社長と社員の距離もグッと近くなります。一石三鳥です。

ちなみに、この「質問タイム」で私が心がけていることがあります。それは、「質

問されたことだけを答える」です。相手から聞かれてもいないのに、余計な気を利かせて、「こうしたらいいいんじゃない」とか言わないこと。

誰でも他人の頭の中はわかりません。こちらは「よかれ」と思い相手に伝えたことが、じつは相手にとっては「余計なこと」になる場合もあります。こうなったら、相手にとってありがた迷惑です。

だからこそ、余計なことは言わない。相手から聞かれたことだけ答えてあげるのが、本当の意味で相手のニーズに応えることになり、相手が部下や後輩であれば、その人に対する的確な指導になると思います。

飲み会が社長への質問タイムになる

■社長こそ、従業員たちと徹底的にコミュニケーションをとらないといけない

●毎月150通ほどの手書きハガキを従業員に送る

もともと社員とのコミュニケーションをほとんど、とらなかった私ですが、一連の改革で**社長が社員と積極的かつ頻繁にコミュニケーションをとることが、会社を成長させるためにいかに重要か**に気づかされました。

たしかに、社長がマメに社員たちとコミュニケーションをとっていかないと、社長の「想い」を社員たちに伝えることはできません。「テイルをこういう会社にしたいんだ」という私の「想い」を会社全体に浸透させていくには、私自身が先頭に立って引っ張っていかなければなりません。

そこで社員やパート・アルバイトさんと直接話をする機会を、飲みニケーション以外にも随所に設けています。

手書きのお誕生日のハガキや**サンクスカード**を毎月150通以上送ります。

サンクスカードとは、相手がしてくれたことに対して感謝のメッセージを伝える社内アプリで、社員には、月に30通以上、パート・アルバイトには、4スター以上なら30通、3スター以下なら15通を送ることを義務づけています。

私自身、社員やパート・アルバイトなどに対して、毎月100通ほどランダムに送っています。社員であれば、その月に頑張った人、パート・アルバイトであれば、社内のデータベースをチェックして、その月にたくさん働いてくれた人に送るようにしています。

そのほか、15年ぐらい前から続けているのが、社員やパート・アルバイトがタイムカードを打つ際に画面に現れる**「社長メッセージ」**です。

これは社内向けの「ブログ」のようなもので、現在の市場についての情報といった仕事に直結するものから、自分自身への戒めや、今経営者として考えていることまで、社内限定ですから、かなり本音ベースで書き綴っています。自分の気持ちをさらけ出すことで、社員たちに「社長は、今こういうことを考えているんだ」ということを知って、理解してもらいたいからです。

若いアルバイトスタッフも必ず読みますから、彼らを意識して「電車に妊婦さんが乗ってきたら、あなたは席を譲れますか？　困っている人を助けられますか？」といった教育的なメッセージも発信しています。「人間として必ず知っておいてほしいこと」という思いで発しています。

●社員にとって耳が痛いことを言うときも

こうしたツールを使ったメッセージは、できるだけポジティブな内容を発信するように心がけていますが、社員宛に送る手書きハガキは別です。

その社員にとって耳の痛いことも伝えるようにしています。たとえば……。

40代後半で独身の社員に対しては「婚活しなさい」。

30代半ばで親と同居している社員には、「家を出て、ひとり暮らしをしなさい」。

社内向けブログ「社長メッセージ」

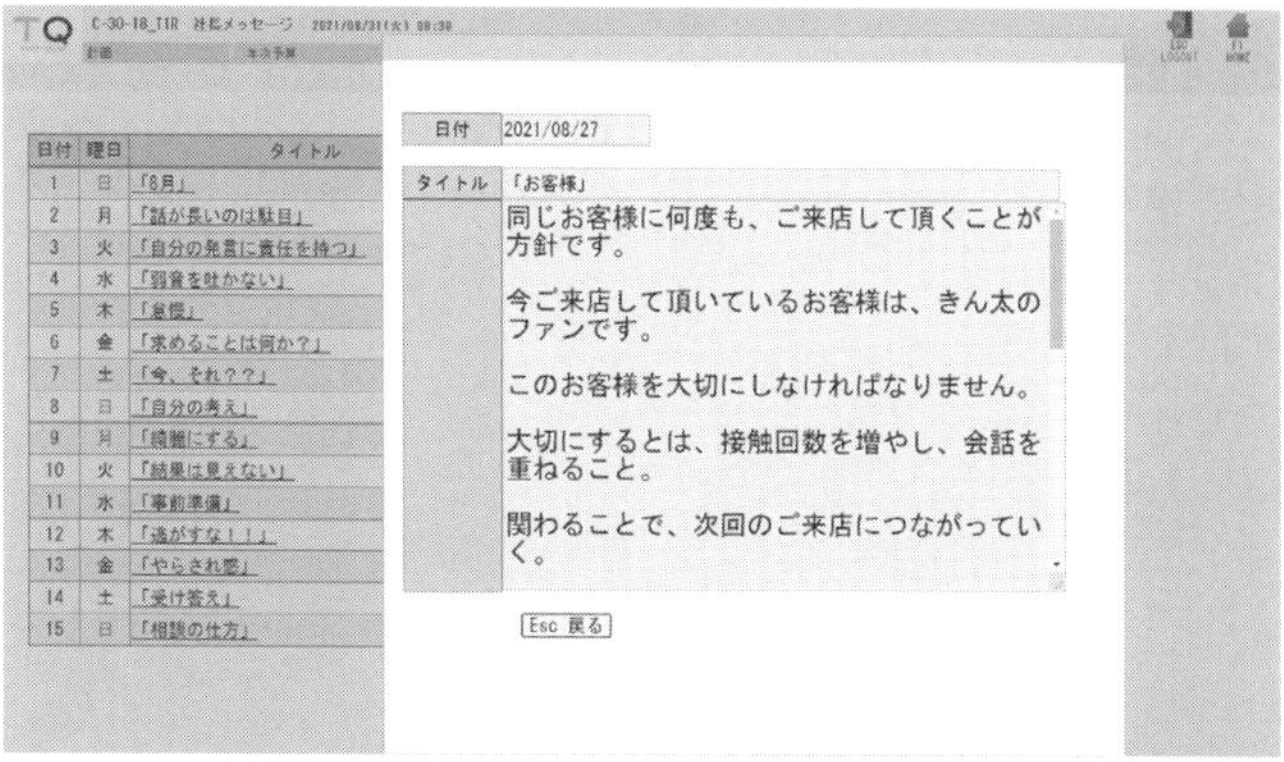

ちょっと太ってきた社員には、「ダイエットをしなさい」。

喫煙している社員には、「タバコをやめなさい」。

……という具合です。

こうしたハガキが家に届いたら、社員は嫌でしょう。しかし、嫌な思いをすることは、その人が成長するための1つのキッカケにもなります。私は、人を教育する運命にあると感じています。大切な社員たちに成長していってもらいたいという思いがあるので、あえて心を鬼にして、耳の痛い嫌なメッセージも送っているわけです。そして、私の言葉に従ってダイエットや禁煙等に成功すれば、ご褒美（3万円くらい）をあげています。「愛はお金」です。

とはいえ、なかなか私の願い通りには変わってくれず、手こずっているというのが正直なところです。

勤続年数22年の山口康一にはかれこれ6年間、毎月2枚ずつ、「ひとり暮らしをしなさい」「婚活をしなさい」というメッセージを書いたハガキを自宅に送っています。仕事に関することも書きますが、締めの言葉は必ず「結婚しなさい」。すでに120

手書きハガキ、サンクスカードで社員にメッセージを送る

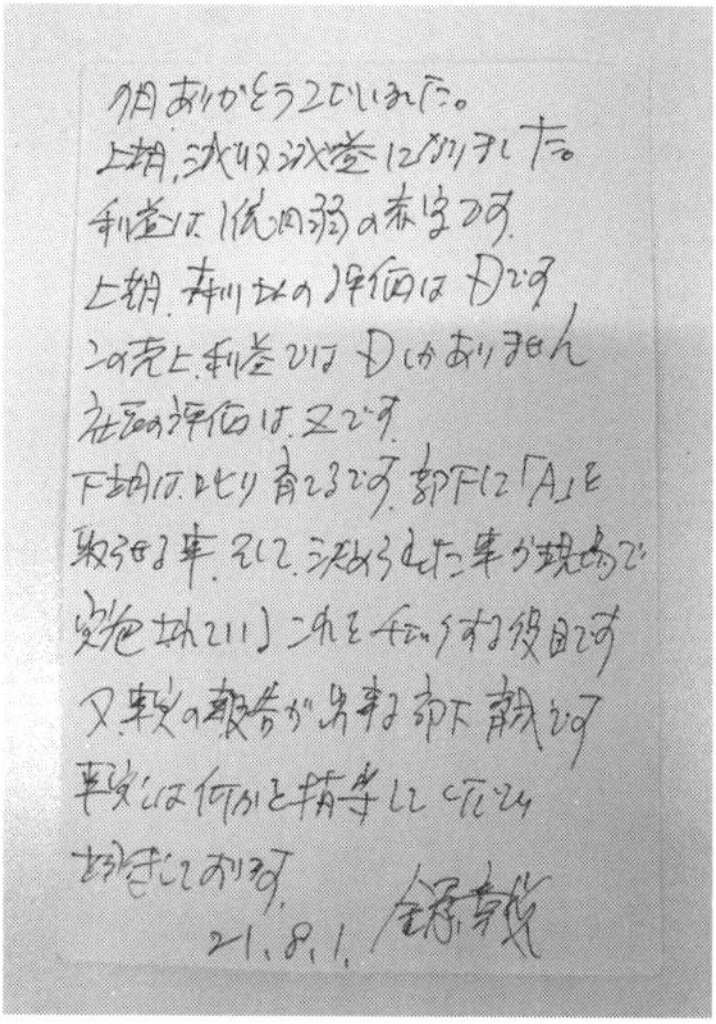

7月ありがとうございました。
上期、減収減益になりました。
利益は1億円弱の赤字です。
上期、森川さんの評価はDです
この売上、利益ではDしかありません
社長の評価はZです。
下期は、叱り育てるです。部下に「A」を取らせる事、そして、決められた事が現場で実施されている これをチェックする役目です
又実行の報告が出来る部下育成です
実行とは何かと指導して下さい
期待しております。
21.8.1. [illegible]

枚以上、送っているにもかかわらず、「これぱっかりは相手があることなので」と言って、煮え切らない態度をとり続けている。親の心子知らず。プライベートについて指導することの難しさを痛感します。

飲みニケーションや毎月の手書きハガキなど、昔の私からは想像もできないことを、現在、粛々と続けているわけですが、この「継続している」ことが自分にとって自信になっています。

もともと従業員とのコミュニケーションが苦手だった人間です。その人間が、こうしてマメに従業員たちとコミュニケーションをとるために日々、努力している。

「レベルの高い社長というのは、同じことをやり続けている。中途半端で三日坊主ではない。自分で決めたことは意思を通して、やり続けている」

これが本当の経営者の姿勢なのだとつくづく感じます。このことを肝に銘じて、これからも社員たちとコミュニケーションを積極的にとり続けます。

■「情報の吸い上げ」の仕組みをつくり、スピーディな決定・実行を実現

●勝ち残り続けるには「お客様の声」は必須

創業当時から非常に大切にしていたのが「情報」です。

20歳で独立し、さまざまな苦労を重ねながら成長する中で、勝ち続けるために「情報」がどれほど重要なのかを身をもって体験し続けています。

とくに、長年、重要視してきたのが、**「お客様の声」**です。

お客様のニーズは、変化し続けています。きちんとお客様の声を拾っていかなければ、時代に取り残されてしまう。とりわけ「5年で8割が閉店する」と言われるほど競争の激しい飲食業界では、ニーズを読み間違えれば、自らの首を絞めかねません。

今の繁盛ぶりに安心して変化への対応を怠ってしまえば、転落するのはあっという間です。実際、そんな店をこれまでたくさん見てきました。

だからこそ、生き残り、勝ち続けるためには、お客様のニーズを的確につかみ続けなければいけません。そのために「お客様の声」を徹底的に拾っていく。私自身、自分が厨房に立って店を切り盛りしていた頃から、そうしたことを意識的に行ってきました。

●情報収集のための仕組みとは？

ただ、会社の規模が大きくなり、かつ私自身が現場から離れて社長業に専念するようになってからは、私が直接、各店舗のお客様の声をくまなく収集する、というわけにいかなくなりました。

かといって「情報をたくさん持ってきてくれ」と従業員たちに言ったところで、たぶん誰も情報を持ってこない。なぜなら、人というのは、聞かれないと、自分の持っている情報を表に出してはくれないからです。

たいていの人は、「これについて、何か知っている?」とか、「それについてどう思う?」などと質問されて初めて口を開いてくれる。とりわけ日本人はその傾向が強いと思います。みなさんもご自分を振り返ってみていかがですか?「言われてみれば確かにそうだ」と思われるはずです。

一方で、現場で働く従業員たちは、「お客様の声」をたくさん持っています。その中には、社長である私が喉から手が出るほどほしい「すごい情報」も少なくありません。そうした情報を、取りこぼしなく社長や幹部が収集し、経営や店舗運営に活かしていくには、自分で取りに行くしかないのです。

●社長の仕事は「決定とチェック」、幹部の仕事は「実施とチェック」

そこで、「情報を吸い上げる」仕組みを整えることにしました。具体的には、次のような流れになっています。

「社員、パート・アルバイト」が店舗の現場で「お客様」から収集した情報は、「店長・社員」や「本部長・ブロック部長」などを経て、あるいは直接、社長に報告が上がってきます。これが「情報の吸い上げ」の仕組みです。

そして、上がってきた情報に対して、私がやるべきことを決定し、本部長やブロック部長、店長などに指示を出し、最終的に店舗で働く社員やパート・アルバイトが実行していきます。

お客様から情報収集する主な方法は、店舗で回収する「お客様アンケート」です。

一方、幹部も含めた社員全員やパート・アルバイトの報告は、ボイスメール（音声でメッセージを送る方法）を活用しています。さらに幹部社員は、部門長会議等の会議でも報告します。

もう1つ、当社では、現場の情報をもとに、全社員が半期に1度、実行計画を作成しています。そして毎月、面談や会議で実行状況を確認、検証と振り返りを行い、改善につなげています。

この「PDCAサイクル」も、スピーディな情報共有ができる仕組みです。

また、チェックのあとに「何をすればよかったのか？　何をやめればよかったのか」

実行計画作成と検証、振り返り

組んでいます。

「どのように改善すれば、結果が出るのか」意見を出し合い、改善につなげることを意識づけるため、「ＰＤＣＬＡサイクル」と呼び仕組み化。業績を上げることに取り組んでいます。

●スピーディな意思決定が可能に

こうした「お客様の声」が現場から社長へとスムーズに吸い上げられる仕組みをつくったことで、お客様のニーズの変化に対応した意思決定をスピーディにできる組織になっています。

ボイスメールを使っての報告の場合、店舗でのお客様とのやりとりやクレームが、その日のうちに私のもとに送られてきます。そのためそれらに対して即座に現場に指示が出せるようになりました。

ある店舗のスタッフから「今日、お客様から『お好み焼が焦げていた』という苦情をいただいた」という報告があれば、その店舗の店長にすぐに連絡をとります。

そして、「焼いていた子は誰？」「その子は焦がすことがよくあるのでは？」と質問

テイルの情報の吸い上げ方

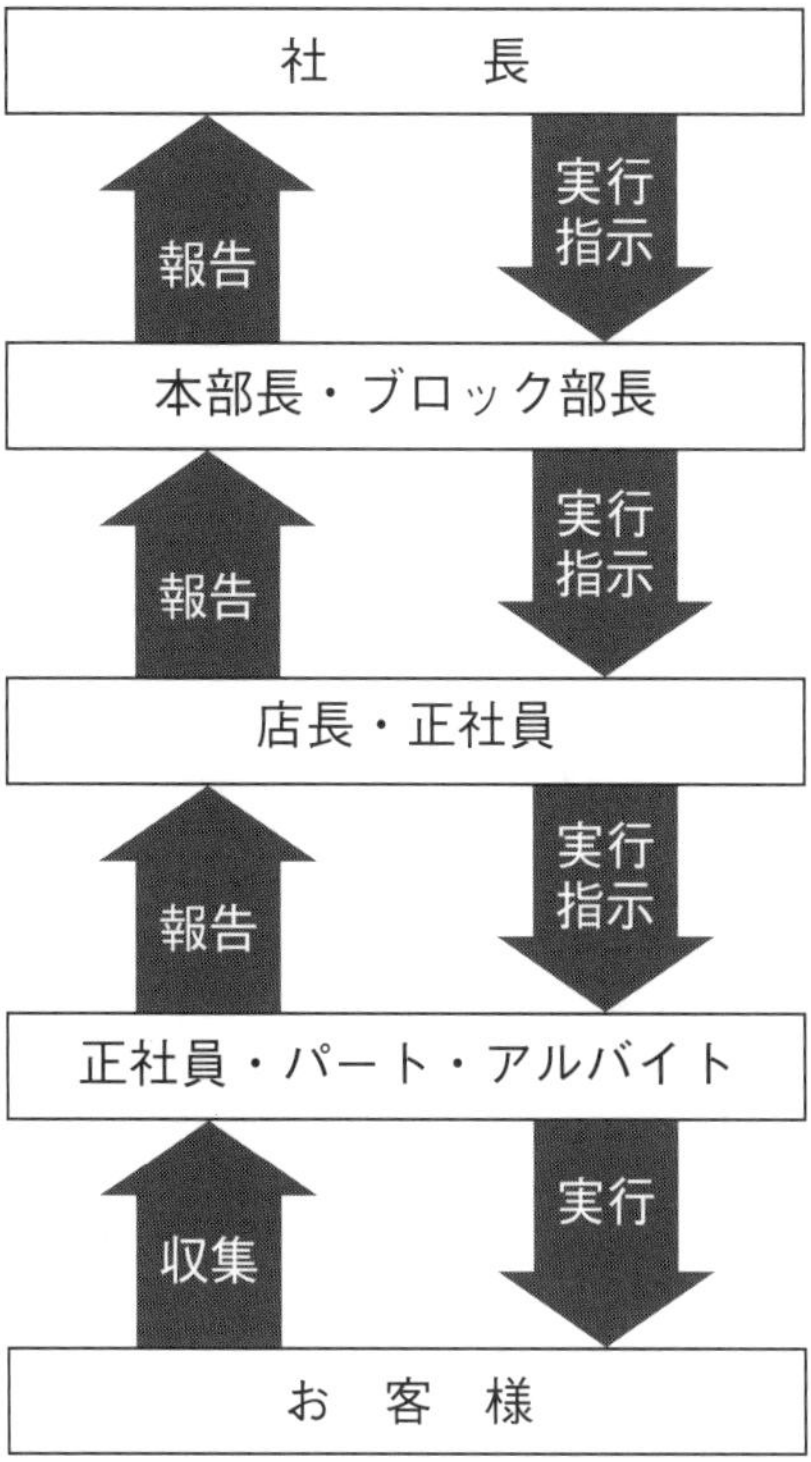

し、その後の教育にスピーディにつなげることができるようになっています。

さらに、今回の新型コロナの感染拡大においては、お客様から「テーブルにアルコールがない」「レジ前にアクリル板がない」など感染対策のご要望を数多くいただきました。それらに対しても、全店舗一斉に即座に対応することができ、「情報の吸い上げ」の仕組みがうまく機能していることを改めて実感できました。

なお、ボイスメールは、すべての社員が業務報告として毎日業務終了後に送ることにしています。そのため、私が1日で処理する数は100件以上。すべて聞くのに毎日2時間かかります。ですが、情報収集と意思決定のためには不可欠ですし、毎日社員の声を聞いていると、いつもより元気がいいとかないとか、辛そうだとか、状態が、声のトーンから伝わります。社員にとっては決められたことを実施する訓練のツールでもあります。

お客様アンケートの結果はすぐに社内で共有される

きん太お客様アンケート。

お客様の声をお聞かせください。

■当店をどこでお知りになられましたか？（必須）

- ◎ 公式ホームページ
- ◎ ぐるナビ
- ◎ 食べログ
- ◎ Google検索
- ◎ Googleマップ
- ◎ SNS
- ◎ 店頭/のぼり
- ◎ 路面看板/野立て看板
- ◎ 知人の紹介
- ◎ 通りすがり

■当店を選ばれた理由は何ですか？（必須）

- ◎ 客席が広いから
- ◎ 店内が綺麗だから
- ◎ 居心地が良いから
- ◎ 料理が美味しいから
- ◎ 新しい商品があるから
- ◎ 接客が良いから
- ◎ 駐車場が広いから
- ◎ 家から近いから

■商品のご提供時間はいかがでしたか？（必須）

- ◎ 満足
- ◎ やや満足
- ◎ 普通
- ◎ やや不満

■情報の精度をアップさせる質問の仕組み

●お客様がなぜそのような声を出されたのか、理由を質問し続ける

私が情報収集において心がけていることを紹介します。

その1つが、**「自分が知りたい情報を得るまで質問し続ける」**です。

「情報の吸い上げ」の仕組みを整えていったことで、たくさんの情報が集まってきます。

ただ、それらの情報が、今一つ物足りない内容であることがあります。必要な情報が抜け落ちているのです。とくに抜け落ちているのが、「なぜお客様がそのようなことを言われたか？」です。

たとえば、ある店舗で、お客様から「料理の提供が遅い」というご指摘があり、「お客様から料理の提供が遅くなったことにご指摘をいただきました」という報告では不十分なのです。なぜお客様が遅いと意見されたのか、単純に調理のオペレーションの問題なのか、それともこちらが料理をお出しするタイミングを間違えたからなのか、その背景まで知る必要があります。

そこで「それでは報告として不十分」ということを教え、私を満足させられるレベルになるまで教育していく必要があります。

そのために行っているのが**「なぜ、お客様はそのように言われたのか、繰り返し質問を続ける」**ことです

こうしたことを何度か繰り返すうちに、従業員たちは私が何を知りたがっているのかに気づいていくようになります。その結果、満足のいく報告ができるようなっていくのです。

●組織全体で「質問力」を向上させる必要がある

ただ、当社の「情報の吸い上げ」の仕組みから考えると、私だけでなく、社員たちがこの「質問し続ける」を習慣として実践してくれないと、「物足りない情報」が届くことが起こりがちになります。

たとえば、お客様に、「なぜ、本日、きん太を選んでくださったのですか？」と質問したところ、その答えが「都合がよかったから」だったとします。

もしそこで、「そうですか」と会話を終えてしまったら、どうでしょう。私のもとには、「お客様がきん太を選んでくださるのは、都合がいいからだそうです」という情報が上がってきます。

これだけの情報だと、「なんで都合がいいんだろう？」と知りたくなります。社長が意思決定する際に必要なのは、こうした具体的な情報です。

しかし、質問した従業員がそこで会話をストップしてしまったら、得られる情報はここで終わりです。「なんで都合がいいの？」と私が従業員に尋ねても、「えっ？　あっ、聞き忘れました！」となってしまう。

こうした状態に陥らないよう、従業員たちには、「その先まで聞け！」と繰り返し伝えています。つまり、頂戴した答えに満足しないで、さらに掘り下げて聞いていく。「なぜご都合がよろしいんでしょうか？」と、質問していけば、「近いから」「美味しいから」など、より具体的な回答をしてもらえる可能性が高くなります。

私たちが普段の何気ない会話で相手に発信しているのは、自分が持っている情報のごく一部でしかありません。その情報の奥には膨大な情報が存在しています。そして、その中にこちらが本当に知りたい情報が眠っていることが多々あります。

ただ、それらの情報が自分の中にあることに本人が気づいていないことも多く、たいていの場合、相手から「その情報をください」とアクセスしてもらわない限り発信してくれません。

だからこそ、「この人からこうした情報をもらいたい」と思ったら、そこにアクセスできるように「質問」をすることが不可欠です。質問されることで、人は自分の中にある膨大な情報の海にアクセスするのです。その結果、質問した側は、自分がほしい情報を相手から得られやすくなります。

■従業員たちの「考える力」を鍛えるボトムアップの仕組み

●超トップダウン型の組織から、ボトムアップ型の組織に

「社長の仕事は『決定』、幹部の仕事は『実施』」です。

以前から、私は社長として「決定」を行っていましたし、幹部たちには、私が決定したことを「実施しろ！」と強く言ってきました。

ただ、このときの私は、「決定」の前のアイデア出しもすべて自分で行い、「これでいく」と独断し、「実施しろ！」と命令をする形をとっていました。

つまり、超トップダウン型だったわけです。

会社の改革に着手した後も、最終的な「決定」は社長の私が行い、社員たちに「実

施」させるわけですから、その意味で、今もトップダウン型と言えます。

ただ、そのプロセスが、昔と今とでは大きく変わりました。

多くの方針について、私は本当に「決定するだけ」。その前の段階での提案出しだったり、戦略の検討だったりといったことは、できるだけ幹部たちに行ってもらい、私は彼らからの提案等をジャッジし、最終的に決定するという形になったのです。

たとえば、人事異動であれば、まず当社の幹部である小西や森川、長谷川などに、「人事異動をするから、それぞれの考えを提案しなさい」と指示を出します。すると、三者三様で提案を持ってきてくれます。そして、それらの提案を私が吟味し、そのうえで、「じゃあ、こうしよう」と最終決定する流れです。

つまり、**私の仕事は、下から上がってきた提案等を決定し、社員たちに実行させるだけ**。その意味で、**ボトムアップ型**の組織にするよう仕向けています。

ただ、すぐにこうした体制がとれるようになったわけではありません。全社を挙げて環境整備に取り組み、幹部や社員たちに研修を受講させたりする中で、社員たちがこれまで以上に、主体的に仕事に取り組むようになっていきました。その結果、「何か提案やアイデアを出しなさい」と言えば、的確に応えてくれるようになり、ボトムアップ型に移行できるようになった、という感じです。

そして、こうした変化を私自身が感じられるようになったのは、**武蔵野の小山社長に指導していただき3年くらい経ってからでした。**

●ボトムアップ型の組織は、自律的な社員を育てる

このような意思決定のプロセスが増えていく中で、気がついたことがあります。

それは、社長主導で超トップダウンで決めたことと、社員たちからのボトムアップで決まったこととでは、それが**失敗したときの幹部たちの反応がまったく違う**、ということです。

私が超トップダウンで決めて失敗したとき、彼らは私に対して「やっぱり社長、失敗したな。ざまあみろ」という反応を示していました（さすがに言葉にはしませんが、そうした雰囲気があります）。

そして、当然ですが、責任は一切取ろうとしません。「社長の指示に従っただけだから」という態度です。もちろん事後処理にはきちんと取り組んでくれます。ただ、「しかたなく」という雰囲気が伝わってくるのです。

一方、幹部たちはボトムアップで決めて失敗した場合、メチャクチャ悔しがります。ここまでは当然の反応だと思いますが、私がビックリしたのは、自分たちの提案で失敗した場合、「自分たちのせいで、社長の顔に泥を塗ってしまった……」と反省してくれることです。トップダウン型で失敗したときには、私に対して「ざまあみろ」という態度をとっていた彼らがです。

さらに面白いことに、「この失敗を無駄にせず、次の成功につなげよう」と、社員たちでああでもない、こうでもないと話し合いを始めます。つまり、これまで以上に主体的に、会社の成長のために働いてくれるようになるのです。

こうした姿を見るにつけ、「うちの社員も、ずいぶんと成長したな」と感慨深い気持ちになると同時に、「ボトムアップ」というのは、そこに**関わった社員を自分で考え行動する「自律型社員」へと成長を促す効果がある**のだと、改めて気づかされます。

●ボトムアップ型を訓練の場に、後継者を育てる

社員たちの成長を実感する中で、現在、考えているのが、さらなるボトムアップ型組織への進化です。

イメージしているのは、意思決定に失敗したら経営的損失や社会的損失につながる可能性があるものついては、社長である私が決定するが、それ以外のものについては、小西や森川、長谷川などの幹部たちが決める、という体制です。

これまで、創業社長である私のワンマン体制で会社を切り盛りしてきました。そんな私も、現在、50代半ばです。テイルの将来を考えれば、今の幹部たちを私の後継となるべく「経営陣」として育てていかなければなりません。

そのためにも、彼らの「経営スキル」を今以上にアップさせていく必要があります。そのため、ボトムアップ型の意思決定を訓練の場に、私が安心してバトンを渡せる経営陣になってもらうべく、幹部たちを鍛えているところです。

第6章

「ここで働き続けたい」と思わせる仕組み

■社員、パート・アルバイトの従業員満足度をチェックする仕組み

●従業員満足と顧客満足の両方が満たされ、会社は成長する

ここ数年、会社の規模が大きくなったことを受けて、「ある声」も収集するようになっています。**「従業員の声」**です。

以前は、私自身、「従業員の声」に耳を傾けようとは、ほとんど思っていませんでした。ところが、小山社長から**「従業員を満足させないと、経営はうまくいかない」**と言われたのです。

お客様に満足していただこうと、一所懸命に「お客様の声」を集めたところで、お客様を満足させる役割を担う従業員が、会社に対して不満を抱いていては、結局、お

客様を十分に満足させることはできない。そうなれば、結局のところ、経営もうまくいかない、というのです。

逆に、従業員がこの会社に満足感を持ってくれていれば、彼らはお客様に満足していただけるサービスを提供できます。

つまり、会社を成長させていくには、**まず「従業員満足」（ES）ありき**。それが高まれば、顧客満足（CS）も上がっていく。

「自転車」でイメージするなら、やや大きめの前輪が従業員満足で、後輪が顧客満足です。前輪がグルグルと勢いよく回れば、そのエネルギーを受け取り、後輪も勢いよく回る。その結果、会社は成長していくのです。

小山社長の言葉によって、私は初めて「従業員の声」を拾っていくことの重要性に気づかされました。そこで「従業員の声」を集めていくべく、2012年から**「コミュニケーションアンケート」**を実施することにしたのです。

「コミュニケーションアンケート」とは、年に1回、社員全員とパート・アルバイトを対象に実施している無記名のアンケートです。2012年にスタートしてから、これまで9回実施しています。

40項目の質問から成り、仕事について感じていることを答えてもらう内容です。さらに自由記入欄も設け、彼らが日頃感じている職場の問題点や、よりよい職場環境をつくるための意見や提案を書いてもらう形にしています。

この社内アンケートを通じて、それぞれの職場環境の現状を把握するとともに、彼らの満足度がどれくらいなのか、また満足度をさらに上げていくためにはどこを改善していく必要があるのかを明らかにしていきます。

●厳しい回答続出のコミュニケーションアンケート

じつは、アンケートを実施することを小山社長に報告をしたとき、「やめておいたほうがいい。とんでもない回答がたくさんきて、立ち直れなくなるぞ」と言われました。

ただ、そうは言われたものの、従業員満足度を上げるためには、こうしたアンケー

ESが回るからCSも回る

ESの車輪のほうが少し大きい

トにも積極的に取り組んでいかなければなりません。また、私自身、社員やパート・アルバイトの労働環境を整えるために一所懸命頑張ってきたという自負がありました。なので、まさかうちの社員やパート・アルバイトが私や会社を批判するようなことを書くことはないだろう……と思っていたわけです。

ところが、私の予想は見事に裏切られました。本当に**「とんでもない回答」**がたくさんあったのです。たとえば……、

・**「『ホワイト』化するって言ってますけど、今の『ブラック』状態はいつ解消するんですか？」**
・**「幹部の人たちがアルバイトスタッフに対してとても偉そうなので、もう少し改善すべきです」**
・**「店長の◇○さんはサボってばかりなんですが、会社ではそうしたチェックをしないんですか？」**
・**「労働時間が長い」**
・**「給料が安すぎます」**

コミュニケーションアンケートは社員満足度を上げるツール
回答に忖度なし！

2．カテゴリー別の意識

● 報告、連絡、相談

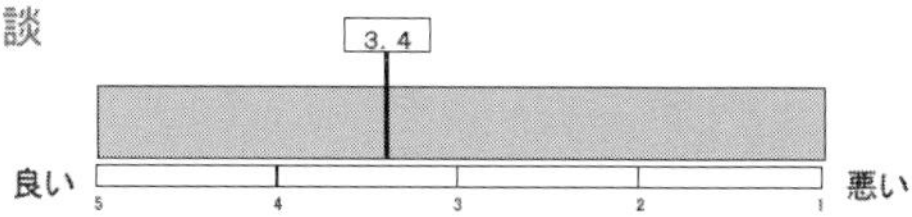

● 情報共有

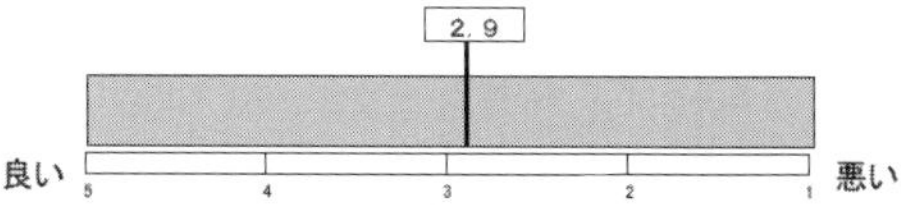

● 情報収集能力

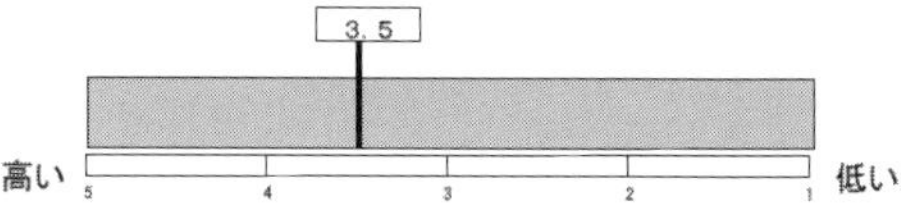

7．個別の声

(問25)コミュニケーションをもっとよくくするために、行うと良いと思うことを書いてください

1) アルバイトと社員さんの食事会があればいいと思います。異動したいです。

2) 相談する場所や意見などを言える場所などを作って欲しい。

3) 週間ミーティングも大事だが、時間帯ごと(ランチ、デイナー、ナイト)のミーティング

4) ボイスメールが聞きたい案件を簡単に選択して聞けるといいと思います。

5) チャットワークを積極的に使う

・「労務環境がまだまだ整っていない」
・「お金を取った○□さんが、いまだにのうのうと働けているのが理解できない」
・「社員の▽◇さんから、しつこく誘われて困っています。これってセクハラではないのでしょうか」

無記名のアンケートということで、内部告発的なものも多数ありました。また、会社や店舗に対する厳しい批判もありました。読んでいると、だんだんと頭が沸騰して立ち直れなくなります。

しかし、ここで怒り狂っていては、せっかく実施したコミュニケーションアンケートが無駄になってしまいます。ここで頂戴したさまざまな回答を今後に生かしていかなければ、従業員満足度も上がりません。

なので、ここは、ジッと我慢です。回答を感情的に受け取らず、あくまでも従業員満足度を上げるために必要な「情報」として扱うのが得策です。

そこで、このコミュニケーションアンケートをさまざまな方法で活用していくことにしました。その具体的な方法について次項で紹介します。

■コミュニケーションアンケートを活用する仕組み

●アンケートが「会社にモノ申す」ツールとなっている

コミュニケーションアンケートの活用法ですが、まず**現場の不満や問題点などを吸い上げるツール**として使っています。

従業員たちが、無記名のアンケートを使ってこうしたことを書いてくるということは、それだけ彼らの中に、日頃解消されない不満がたまっているわけです。こうした不満を1つひとつ解消していくことで、従業員満足度を上げることができるのです。

そこで、アンケートで問題点等が指摘された場合、その当事者に必ずフィードバックすることにしています。たとえば、

「『仕事をお願いしても、スピード対応してもらえてない』という意見が、アルバイトさんからあったよ」
「アンケートの回答に、太郎君がアルバイトの子にセクハラまがいの行為を行っているという苦情があったんだけど、心当たりある？」
「『店長が話を聞いてくれない』と不満を持っているアルバイトの子が、この店舗では多いという結果が出たんだけど、それについて花子さんはどう思う？」

など、フィードバックでは、言われた本人たちにとって耳が痛い内容も、隠すことなくズバズバと伝えます。

さらに、「こうした意見に対して、今後、どう対応していこうと考えている？」と尋ねます。それに対して、本人が悩んでいるならば、問題解決の方法を一緒に考えることもあります。このようにして、当事者に問題解決のアクションを促して、職場における不満を解消していくわけです。

なお、フィードバックの際、匿名性はきちんと担保します。そもそもアンケートそのものが無記名なので、誰が書いたのかわかりません。また、実際、回答者は誰かといった調査も一切行いません。

現在、**「コミュニケーションアンケート→フィードバック」**という流れは、社内ルールとして規定されています。つまり、コミュニケーションアンケートで問題点を指摘することは、その解決の第一歩になると、従業員たちに認知されているわけです。

このアンケートは、従業員たちにとって、単なる不満解消のためのガス抜きの手段としてだけでなく、会社に対してモノ申す手段としても機能していると言えるのです。

●アンケート結果を「働きやすい職場」づくりに役立てる

さらに、アンケートの結果は、下期の**政策勉強会**の場でもフィードバックしていきます。

政策勉強会とは、年2回実施され、全社員が参加し、その期の優秀者等の表彰や、来期の方針や経営政策等の説明などを行う会です。

そのうちの下期の政策勉強会において、その年のコミュニケーションアンケートの結果を材料に、「働きやすいとはどういうことか?」というテーマで話し合いをします。その際、アンケートの中の「あなたにとって『働きやすい会社』とはどんな会社ですか?」という質問への回答が話し合いの主な材料となります。

そもそも「働きやすい」のイメージは人それぞれです。10人いれば、10通りの働きやすさがあるでしょう。

ただ、会社として、「働きやすい職場をつくろう」としたとき、社員それぞれがバラバラなイメージを持っていては、「働きやすい会社」をつくることができません。

そこで、政策勉強会において、社員やパート・アルバイトがアンケートで回答したそれぞれの「働きやすい会社」のイメージを共有し合い、それをベースに「テイルが目指す働きやすさ」について話し合い、イメージを統一していくわけです。そして、そこで固まったイメージは、来期の経営計画書に反映していきます。

そのほか、指摘された問題点の中で、全社的に解決に取り組んだほうがいいものに

下期政策勉強会で「働きやすさ」について検討する

ついても、この政策勉強会で話し合い、来期の経営計画書に反映。来期以降、カイゼンすべき課題として取り組んでいき、「働きやすい会社」づくりにつなげていきます。

余談ですが、コミュニケーションアンケートの回答で私自身、毎回、非常に印象に残るのが、若い世代ほど、「働きやすさ」として、職場の中での「コミュニティー」の存在を求めていることです。

たとえば、「バーベキューをしてほしい」「慰安旅行に行きたい」「もっと飲み会を増やしてほしい」「運動会がしたい」など、一緒に働く仲間たちと楽しむことに重きを置いた回答が、アルバイトなど若い世代では毎回かなりの数に上っています。

もともと社員とあまり飲みに行かないタイプの私からすると驚きですが、若い人たちの要望にも応え、そうした機会を積極的に設けるようにしています。

■新卒採用をきっかけに、労働環境づくりに本格着手する

●新卒採用は、会社のホワイト化を進める

繰り返しになりますが、以前の労働環境は、ブラックでした。

しかし、時代が変わり、長時間労働によるうつ病や自殺、過労死などが、大きな社会問題となり、そうした働き方を強いる会社が社会的な制裁を受けるようになってきています。

こうした事実を目の当たりにしたことで、社長として、会社のリスク管理という観点からも、「労働時間」に意識を向ける重要性に気づかされました。

そして何よりも「社員を大事にする」という観点で、社員の健康を守ることも社長の大きな仕事です。

労働環境について考えるきっかけになったのは、こうした時代の変化もありましたが、**新卒の採用**を始めたことです。

新卒の学生さんを採用し始めると、ブラックだった会社がだんだんホワイト化していきます。なぜなら、新卒の学生さんに入社してもらうために、彼らが提示する条件（「こういう会社に入りたい」）に見合う会社に変えないと新卒採用はできません。しかも、今どきの若者たちの声ですから、現在の「働き方のトレンド」を把握できる機会でもあります。

新卒採用にはこうした側面もあり、私自身、今では**「会社を『ホワイト化』したければ、新卒採用を始めましょう！」と断言できる**ほどです。

●「飲食業はブラックだから」と就活生から敬遠される

2013年から新卒採用を始めました。

といっても、新卒採用のノウハウもないので、とりあえず社長の私が陣頭指揮をとり、合同会社説明会に出向き学生さんたちに説明したり、最初から最後まで私が仕切ったり……という感じで進め始めました。

当時は、某居酒屋チェーンさんで起きた社員さんの過労自殺事件をきっかけに「飲食業界＝ブラック企業」のイメージがかなり強くなり、飲食業界は就職先として学生さんたちから敬遠されました。

合同会社説明会でブースにとりあえず立ち寄ってくれる学生さんたちの質問も、「飲食業界って深夜残業が当たり前で、休みもないって本当ですか?」「飲食業界はお給料が安いんですか?」と、ネガティブな質問ばかり。

それでも、居酒屋やファミリーレストラン等でアルバイトをした経験がある学生さんなどから多少は興味を持ってもらえて、採用試験を受けた人のうち、何人か内定を出しました。そしてその人たちの数人は、実際に入社してくれました。

●親御さんに安心してもらいたいと、労働環境の改善を決意

ただ、内定者の親御さんの中にはわが子の飲食業界への就職に反対される方もいらっしゃいました。本人はやる気があるのに、親御さんから「飲食業界はブラックだから、やめなさい」と反対されてしまうのです。

そこで、「親御さんに安心していただくために、社長の私が直接、お話をさせていただこう」と、内定者全員の親御さんにお会いすることにしました。このとき、必ず聞かれるのが、「労働時間はどれくらいなのですか?」「休みはちゃんとあるんですか?」といった労働環境についてでした。

当時、人事評価や給与・賞与といった部分は、どこに出しても恥ずかしくない体制になっていましたが、労働時間や休日といった部分では、まだ「うちはホワイトです!」と自信を持って言えるほどではありません。世間の「ホワイト企業」と呼ばれる会社と比較すれば、正直、限りなくブラックに近い「グレー企業」です。

そのため、親御さんへは「休みは、とりあえずあります」とお返事するのがせいぜいでした。

新人の存在が働きやすさを加速させる

それでも、お子さんの「テイルで働きたい」という熱意に、就職を許してくださり、とてもありがたく感じたことを覚えています。

こうした経験を通して、私の中で「このままではいけない」という思いが強くなり、新入社員の親御さんたちが安心してわが子を送り出しくださる会社に変えていかなければならない。私自身が労働環境のホワイト化を本気で検討し始めたのは、こうした新入社員の親御さんたちの存在もかなり大きかったわけです。

なお、内定者の家庭訪問は現在も継続しており、現在のホワイトな労働環境はもちろん、会社の業績や、私が大切なご子息をお預かりするにあたっての思いを丁寧に説明しています。実際に会社の代表の私がお邪魔してお話をすることで、親御さんの不安が解消され、わが子の就職を応援しようという気持ちになっていただけるようです。

■飲食店ではありえない「7日間連続休暇」の仕組み

●7日間連続休暇制度をスタート

環境整備の進展により作業効率がアップしたことや、社員教育により社員やパート・アルバイトたちの店舗運営のスキルが向上したことなどにより、残業時間が削減されていったことは、すでに述べた通りです。その結果、かつて月300時間が当たり前だった労働時間が、現在は月200時間にまで減ってきています。

さらに、労働環境における、「ホワイト企業化」の象徴といえるのが、全社員を対象にした**「7日間連続休暇」**制度です。

これは読んで字のごとく、1年に1回、連続7日間の休みが取得できるというもの。

2018年からスタートした制度ですが、これだけの日数の連続休暇がとれる飲食店はまずないでしょう。社員たちにも非常に好評で、休暇明けの彼らの顔を見ると、みんな晴れ晴れとした表情をしています。

きっかけは、総本店の全面改装でした。この改装工事を利用して、社員に長期休暇を与えることにしたのです。

全面改装するにはおよそ2カ月(8週間)程度かかります。その間、その店舗は休業となり、そこで働く社員や一部のパート・アルバイトは一時的に別の店舗に配置。それでも1店舗が稼働しないため、人員に余裕が出ます。その状態を利用して、社員に長期休暇を与えることができるわけです。

そこで、総本店の2カ月間の改装工事中、週ごとに人数を決めて、7日間の長期休暇を取得させることにしました。1週目は中田健と萬木智也と平清貴、2週目は横田英昭、牧尾佳映、遊田浩之、3週目は小西悟志、髙村英伸、今村聖人という具合です。その結果、2カ月で社員全員が7日間の連続休暇を取得することができました。

この「全面改装」に「7日間連続休暇」を組み合わせる方法は、さまざまな効果をもたらしてくれました。

まず、改装工事をするわけですから、店舗を一新するわけですから、見違えるように綺麗になります。とくに、このときの総本店の全面改装では壁紙の色をこれまでの茶色から白に変えました。その結果、店舗がこれまで以上に明るい雰囲気になりました。

店舗が綺麗、かつ明るくなり、お客様にとってさらに来店しやすくなり、この**改装以後、売上がアップ**しました。この全面改装には1億円を投資したのですが、結果的にはその投資に見合うだけの利益を出し続けてくれています。これが1つ目の大きな効果です。

また、7日間の休暇をとることで、**社員に十分なエネルギーをチャージしてもらえる**効果もあります。実際、休暇明けの彼らの表情を見ると、とても満足しているように見えます。

さらに、私自身は、**幹部を一人ずつ7日間休ませても意外と会社の運営がうまくいくこと**がわかった。実施前は「会社がまわるのか」と不安でしたが、実際に行ってみるとうまく運営されていることに気づかされました。

店舗が一新したことで売上が上がり、大切な社員たちにもゆっくり休んでもらえ、復帰後はモチベーションもアップして……と、全面改装＋7日間連続休暇のセットは、一石二鳥どころか、三鳥、四鳥……とたっぷりの効果をもたらしてくれたわけです。

●連続休暇中の社員たちの意外な過ごし方

社員たちがこの7日間の休暇をどう過ごしているのかというと、どうも多くが、旅行などの遠出をすることもなく、家でジーッとしているようなのです。「せっかく長い休みをいただいても、何もすることがない」という声を、社員たちからよく聞きます。欧米人のようにバカンスの習慣がない日本人の場合、いざ長い休みをもらえても、自宅でゆっくりすることが多いと気づかされました。

さらに、これだけ休むと、体を仕事モードに戻すのにも一苦労です。とくに、現代のように変化のスピードが速いと、1週間休んだだけでも「浦島太郎」状態です。当社の社員たちも、休暇明けはまさにその状態で、仕事をしながら元のペースを取り戻していく、という感じです。

とはいえ、一度、この7日間連続休暇を体験すると、「これはいい!」と思うようで、こうした制度のない会社への転職は考えられなくなるそうです。その意味で、7日間連続休暇の制度は、社員にとって大切な休日になっているようです。今後、連休を8日間、9日間と多くとらせていくことを視野に入れています。

■「人間関係」による離職を減らす仕組み

●適性検査等を使って、相性のいい人材配置を行っていく

労働時間や休日数などの労働条件や、賃金等の待遇面と並んで、離職理由の調査でつねに上位にランキングされているのが、**「職場の人間関係」**です。

実際、人間が複数集まれば、そこに相性の合う・合わないが生じるのは自然なことです。同じ職場内に「この人、どうも苦手だな……」という人が一人や二人いても、それはある意味、仕方のないことだと思います。

ただ、だからといって、経営者としては、職場の人間関係を良好に保つための努力をしないわけにはいきません。人間関係を理由にせっかくの人材に辞められてしまっ

ては、会社にとっては大きな損失だからです。

会社の「価値観」と合わなくて離職するというのは仕方ないとしても、労働条件や人間関係を理由とした離職はできるだけゼロにしたい。

そこで、職場内の人間関係をよい状態に保つための仕組みとして、すでにご紹介した「飲みニケーション」や「コミュニケーションアンケート」を活用しています。

これに加えて、**ＨＣｉやエナジャイザー、ＥＧという適性検査を活用して人を配置する**ことも行っています。

ＨＣｉ（実施機関：ヒューマンキャピタル研究所）は、その人の性格やストレス耐性、やる気、指向性、業務適正、リーダー適正等を測定できる検査です。

一方のエナジャイザー（実施機関：日本生産性本部）は、「人と組織の診断ツール」とも言われ、個人の性格や価値観、業務能力・適正などを明らかにするほか、社員同士の関係性やその組織が抱える問題なども把握できる検査です。

重さを量るのは秤《はかり》、長さを測るのはメジャー、人を判断する物差しはエナジャイザーを使っています。

採用にしろ、人事にしろ、経営者は自分の「勘や経験」に頼ります。しかし、こうしたツールを活用することで、それぞれの人が持つ特性を客観的に知ることができ、単純作業が苦手な人はこの仕事、複合が得意な人はこの仕事、という具合に、その人に合った仕事を適切に配置することができます。

これらの検査の結果も参考にして、誰と誰が、相性が合うのか、合わないのか、仲がいいのか、悪いのかといったことを把握するようにしています。そして、その情報をベースに、それぞれの職場内でいいマッチングができるよう、人を配置しているのです。

またEGとは「エマジェネティックス®」(実施機関：EGIJ)の略称で、脳科学の理論と70万人以上の統計をもとにして、人間の思考特性と行動特性を分析するツールです。プロファイル(次ページ)を見ると、その人がどのような考え方や行動をすることが多いのか、傾向がわかり、チームづくりの参考にするほか、これを全社で共有することで、社員同士が円滑なコミュニケーションをとるための仕組みとして

EGのプロファイル

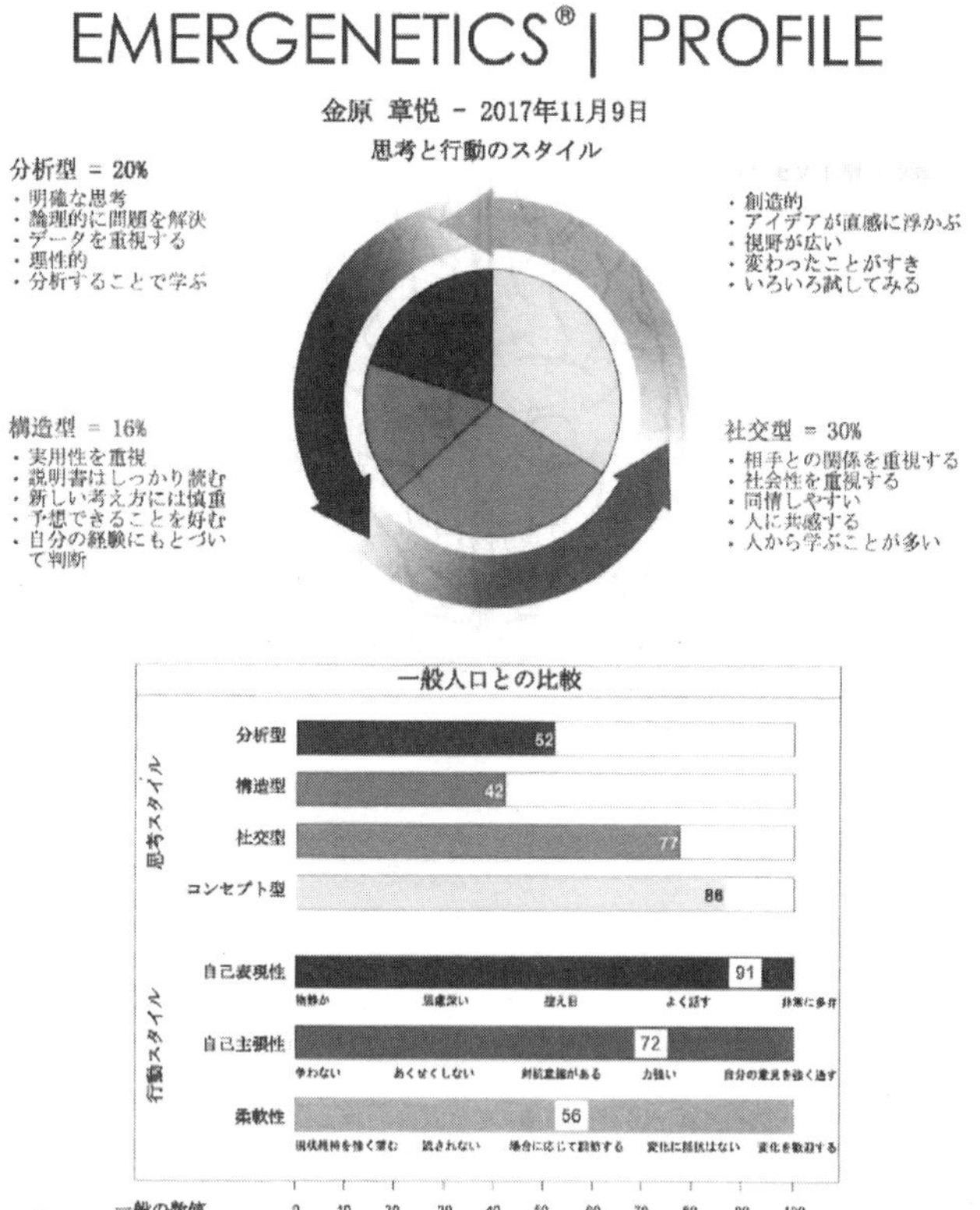
EMERGENETICS®| PROFILE
金原 章悦 - 2017年11月9日
思考と行動のスタイル
分析型 = 20%
・明確な思考
・論理的に問題を解決
・データを重視する
・理性的
・分析することで学ぶ
・創造的
・アイデアが直感に浮かぶ
・視野が広い
・変わったことがすき
・いろいろ試してみる
構造型 = 16%
・実用性を重視
・説明書はしっかり読む
・新しい考え方には慎重
・予想できることを好む
・自分の経験にもとづいて判断
社交型 = 30%
・相手との関係を重視する
・社会性を重視する
・同情しやすい
・人に共感する
・人から学ぶことが多い
一般人口との比較
思考スタイル
分析型 52
構造型 42
社交型 77
コンセプト型 86
行動スタイル
自己表現性 91
物静か
思慮深い
控え目
よく話す
非常に多弁
自己主張性 72
争わない
あくせくしない
対抗意識がある
力強い
自分の意見を強く通す
柔軟性 56
現状維持を強く望む
流されない
場合に応じて調節する
変化に抵抗はない
変化を歓迎する
一般の数値
0 10 20 30 40 50 60 70 80 90 100
Emergenetics, LLC, 1991, 2016
Geil Browning, Ph.D. / Wendell Williams, Ph.D.

います。

なお、HC・iは採用にも活用しており、メンタルヘルスに問題がある場合、不正などの問題を起こす可能性が高いため、採用は控えさせていただいています。パート・アルバイトの採用では、**「スカウター」**という不適性検査を使います（実施機関：スカウター）。その名の通り、「定着しない、成長しない、頑張らない人材に共通する不適性な傾向を予測する」検査です。この検査で「行儀が悪い」傾向が出た人の場合、これまでの当社での経験上、クレームを起こしやすい傾向があるため、近年、採用を控えるようにしています。

またエナジャイザーでは社員のパフォーマンスが数値化されるため、1年に1回、全社員を対象に行って、前年の数値と比較をします。そして数値の増減によって、その年に行った社員教育の効果があったのか、なかったのか、社長として教育ができていたのか、できていなかったのか振り返りを行っています。

■人事異動の仕組みが「働きやすさ」につながる

●「人に仕事をつける」ではなく、「仕事に人をつける」

人事異動は「少しおかしいのでは」と思うくらい頻繁に行います。

たとえば、植木浩二は**勤続10年で20回も異動**しています。つまり、年に2回異動している計算です。しかも特別なケースではなく、年に1～2回異動するのは当社では当たり前。入社1年目でも必ず1回は異動させます。事実、萬木智也は、**入社1年目で4回も異動**しています。

なぜ、これだけ頻繁に人事異動させるのか。

その理由は、3つです。

①長所伸展で経験を積ませるため
②異動させることで力を発揮させるため
③職場の活性化のため

それぞれ見ていきましょう。

1つ目「長所伸展で経験を積ませる」は、入社して店舗に配属されると、結果が出る人、出ない人がいます。結果が出て「A」評価をとると上のグループに昇進します。昇進すると異動になり、そこには先輩、上司という強者がいて、一緒のグループで競わなければなりません。相撲の世界と同じで、勝つと上に上がり、負けると下がる仕組みです。

勝ち続けると上へ行き、負け続けると下に下がる。大関は負け越すと次の場所は勝ち越さなければなりません。3グループの副店長の役職は、「C」評価を連続してとると降格してしまう仕組みになっています。

厳しく見えますが、一方で、会社の行事に参加していれば、方針共有点がもらえ、必ず「B」の評価を得られる仕組みにもなっています。だから、業務においては、自分の長所を生かして、思い切り力を発揮して、先輩、上司と競えばいい。そこで勝てなくても、いい経験を積めるし、行事に参加することで降格を避けることができるわけです。

もっとも、参加が条件なので簡単ですが、不参加の社員は少なくない。これが実態です。3グループ以上の役職を維持するには、決められたことを実施することが条件です。頑張れば上へ上がれる。手を抜けば下に下がる。信賞必罰の世界です。

●異動させることで、本来持つ力を発揮させる仕組み

2つ目の「異動させることで力を発揮させる」ことで、**異動によっていつでも敗者復活ができるようにしています。**

たとえば……、

・その職場に相性が合わない人がいる

・今の上司の下では、その人の力がうまく引き出されない
・アルバイトの女の子に手を出してしまい、職場でおかしな噂を立てられた
・業務で大きなミスをしてしまい、今の職場での居心地が悪い

……など、今の職場でその社員が生かされない、うまくいっていないといった場合に、速やかに別のお店に異動させ、その「新天地」での新しい「景色」の下で本来の能力を発揮してもらう仕組み。

実際、「失敗した人」や「使えない人」などネガティブな印象を一度、持たれてしまうと、それを払拭するのは簡単ではありません。現在の場所で払拭のための無駄なエネルギーを使わせるくらいなら、そのイメージをあまり引きずらない新天地に異動させたほうが本人にとっても楽だし、手っ取り早い。また、上司や同僚が変わることで、これまでとは別人のように能力を発揮し始めることも大いにあります。だからこそ異動させることで、その居心地の悪い場所からさっさと救済してあげます。

実際に、飲みニケーションの席で社長へ質問をするとき、こちらから「どこか行きたいお店はある？　1番は？　2番は？　3番は？」と聞いて、その中から希望を聞き出しておいて、時期が来たら希望するお店へ異動させます。

●優秀な人を優先的に異動させる理由とは

3つ目の「職場の活性化のため」の人事異動では、**優秀な人を優先的に異動**させます。異動の回数が多いということは、それだけその人が優秀なことの表れと言えます。なぜ、優秀な人を優先的に異動させるか。

1つ目の理由は、当たり前ですが、どの店舗も優秀な人を求めています。優秀な人は必然的に異動が多くなります。

2つ目の理由は、各店舗の活性化のためです。集団には「262の法則」があり、どのような集団も、2割は優秀な人、6割は普通の人、2割は残念な人で構成されています。

その組織の優秀な2割を抜けば、その**残りの8割の中で新しい「262」の構成が生まれます**。実際、「普通」の6割の中には限りなく「優秀な2」に近い人もいます。優秀な2がいなくなれば、その人たちは「普通」から「優秀」に上がりやすくなる。

そうなれば、「残念」の2割の中からも「普通」に格上げされる人が現れてきます。その結果、集団全体で底上げが進み、集団が活性化していく、というわけです。

もちろん、優秀な人が抜けて、新たに優秀な人が入ってくれれば、これまでの「262」の構成とあまり変わらないということにもなりかねません。そのため、人事異動の決定は、私自身、かなり気を遣いながら行っています。

3つ目の理由は、「優秀な人のモチベーション維持」のためです。

優秀な人の場合、何をやらせてもすぐに習熟する一方、同じことを長く続けさせていると飽きてしまう傾向にあります。そこで、彼らを頻繁に異動させ、彼らのモチベーションが下がらないようにしています。

一方で、先述したように、上司が変わったり、働く環境が変わったりすることで、その社員が「化ける」こともあります。これは2割の「イマイチの人」でも例外ではありません。環境の変化というのは、人を変える大きな原動力です。

下の2割の人たちで組織を組むとビックリすることが起こります。能力がない者同士を組ませると、仲がよくなって、業績が上がるという成果が出たのです。組織の組

異動は人を育てる手段

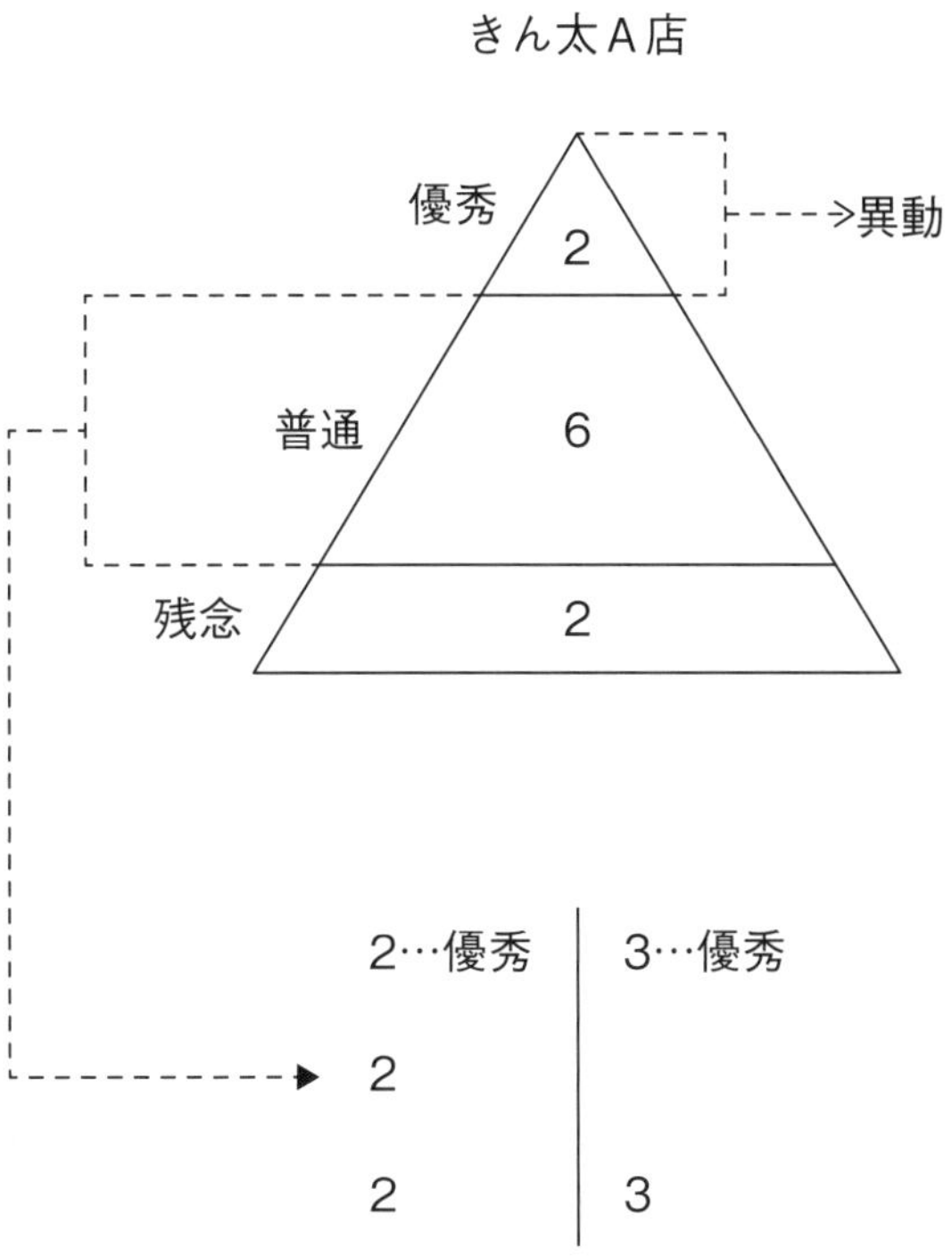

**「普通」の6割のメンバーの中にも
優秀な人材がいる！**

み方をどうするか、人事をどのように考えるかは、社長にとって一番大切なことだと思います。

その意味で、**異動は組織の活性化のみならず、個人の活性化にも効果がある**のだと感じます。

さらに言えば、**人事異動は社員教育でもあります**。

従業員を異動させることによって、あらたな体験をさせ、気づきを得させて、成長につなげることができるわけです。

私からすれば、異動のない会社は「人を育てていません」と言っているも同然。社長の人生の博打《ばくち》は、**①どの業種をするのか、②誰を採用するのか、③どのような人事をするか、**です。

■社内恋愛を推奨する仕組み

●社内恋愛は推奨したほうが問題が起こりにくい

10代から20代前半の若いアルバイトの多い職場であり、各店舗での仲間意識も強いこともあって、スタッフ同士の「恋愛」が起こりやすくなります。

「職場恋愛は禁止！」という会社もあるようですが、私は**「社内恋愛」推奨派**です。社員がアルバイトスタッフと交際するのも禁止にしていません。アルバイト同士のお付き合いも大歓迎です。そのため、アルバイトの親御さんからお叱りを受けたこともあります。でも、燃え上がっている「愛」を止めるのは簡単ではありません（笑）。

とはいえ、法に触れるようなことや、常識的に認められないお付き合いは、いくら恋愛に寛容な私といえどもご法度にしています。社内恋愛についても、ある一定の社内ルールは設けています。

たとえば、経営計画書には次のようなルールが規定されています。

- **清く正しい社内恋愛は歓迎するが、交際する場合には必ず報告すること（義務）**
- **業務に支障が出る場合は異動させる**
- **社内不倫は懲戒処分**
- **店舗運営に悪影響ある恋愛はしない**

そのほか、経営計画書に記載こそしていませんが、暗黙のルールとして、「社員はアルバイトと交際する場合、３人目と結婚する」があります。

トランプのババ抜きと同じでパスを3回したらゲームオーバー、**結婚しなければ解雇**です。報告義務も含めて、なぜそこまでするかというと、人のふんどしで相撲を取っている以上、遊びは許されません。

「報告する」のが義務。誰と誰が交際しているのかは、オープンにします。

恋愛について風通しがいいと、その二人の間がギクシャクしたときなどにも、一緒に働く仲間が間に入って仲を取り持ちやすくなり、社長の私が「仲良くしてる？」と出向くこともあります。

なお、「誰と誰とが付き合っている」ことがわかり、その二人が同じ店舗で働いている場合、異動させます。なぜなら、同じ店舗で働く交際中の二人がケンカしていたりすると、お店の雰囲気が悪くなり、他の人に迷惑がかかるからです。どんな仲のいいカップルでも、ケンカはつきもの。来店してくださったお客様たちに心地よい時間を過ごしていただくためにも、事が起こる前にしっかり手を打っておきます。

●社内結婚の増加で女性が働きやすい仕組みづくりに着手

さらに私の場合、社内恋愛を推奨するだけでなく、**「そのまま、早く結婚しなさい」**と、結婚を勧めています。

交際の報告を受けてからしばらくすると、ブロック部長の萬木智也には「お前、竹崎さんといつ籍を入れるの？」と背中を押します。

しかも、社内結婚の場合、「双方が在籍3年以上なら、会社からご祝儀を既定額の2倍払う」というルールまであります。

こうしたお膳立てがあるからなのか、当社は社内結婚が多い。これまでに、**6組の社内結婚したカップル**が誕生しています。

社内結婚を推奨するのには、理由があります。それは、同じ会社で働いていることで、お互いの仕事についてわかり合えるから。自分の仕事をパートナーが理解してくれていると、非常に気持ちが楽になり、家庭生活も円満になりやすいのではないでしょうか。家庭生活が安定していることは、いい仕事ができる大前提です。

また、夫婦それぞれが組織や人とつながっているので、何か問題が起きた際に、仲介に入りやすく、問題解決がしやすいという利点もあります。

そのほか、会社として休暇のスケジュールを合わせるといった配慮がしやすいメリットもあります。

社内結婚は働きやすさの証明

社内結婚したカップルの中には、営業サポートの大谷征也と近鉄大久保店副店長の大谷智恵のように両方残ってくれるケースもあります。大谷智恵は高校生からアルバイトをして正社員になり、接客教育の指導をしてくれています。その後、大谷征也のプロポーズでカップルが誕生しました。また、高村英伸は、アルバイトの花恵さんと交際し、結婚しました。そうやって結婚する社員が増えると、産前・産後休業や育児休業の制度なども必要となってきます。そこで、2019年には、産休育休制度を整えました。さらに、育休から復帰した後は、時短勤務を可能にするなど、社内結婚が増えるに従い、女性にとって働きやすい労働環境がだんだんと整ってきている状況です。

■労働環境の「ホワイト化」で生まれた「出戻り」の仕組み

●「出戻り」には退職前と同じ給与で再挑戦してもらう仕組み

退職した社員の**「出戻り」は大歓迎**です。

実際、辞めた元社員が、昔の上司に相談して、出戻ってくるケースは結構あります。これは、当社の労働環境が整ったことが大きいと思います。

社員でも、パート・アルバイトでも、出戻り大歓迎。辞めていく社員には花束を渡して、「さよなら」と言いながら、「いつでも戻って来い！」と言います。そして、彼らが「戻りたい」と言ってきたときは、基本的に「どうぞ！」と受け入れています。

その一人が、店長の植木浩二です。彼は、超ブラックだった頃の被害者の一人です。

労働時間が長いという理由で退職しました。その後コピー機の営業会社へ就職。そこがテイル以上にブラックだったようで就職し1年ほどで体を壊し、本気で転職を考えるようになったそうです。そんなとき、きん太へ食事に行った際、私が「是非、戻って来い」と声をかけ戻ってきてくれました。

もともと、飲食店でのキャリアがありましたし、調理する腕前は、十分な人材でした。

現在は、店長としてブロック部長を目指して業務に励んでいます。

枚方茄子作店店長の藪内博司は、お兄さんの事業を手伝うといって退社し、数年後に出戻ってきました。

辞めたあとストレスで糖尿病を発症。それを機に仕事から手を引くことを決め、「これからどうしようかな……」と思っているときに、上司だった小西から「人がいなくて困っているので手伝ってくれないか」という電話があったそうです。

藪内としては、「自分でよければ手伝いたい」という思いとともに、「一度辞めた人

退職する社員には「いつでも戻って来い」と声をかける

間が手伝うのは、社長的にどうなんだろう」という躊躇《ためら》いもあったようです。

その話を小西から聞いて、私は即、薮内に連絡。「助けてくれ」と伝えました。すると、薮内も心が決まったようで「頑張らせていただきます」という返事。彼の場合、いろいろ思うところもあったようで、今は必死に頑張っています。

植木や薮内以外にも、出戻り社員やパート・アルバイトはたくさんいます。そんな人たちが口を揃えて言うのが、**「この会社は働きやすい」**。別の会社で働いてみて、改めて「働きやすさ」に気づかされたといいます。具体的には職場のチームワークだったり、飲食業界では限りなく「ホワイト」な労働時間だったりです。

こうした言葉をもらうと、これまで「いい会社」をつくろうと頑張ってきた甲斐があります。

社員たちが言うには、出戻ってこない元社員の中にも、「戻りたい」と思っている人が結構いるそうです。ただ、プライドが邪魔して、なかなか戻ってこられない。私として、ここは勇気を振り絞って戻ってきてほしいと願うばかりです……。

ちなみに、社員の場合、部長より下の職位であれば、退職前と同じ給料と同じ職位で復帰してもらいます。部長以上は、給料はそのまま、職位は退職前より1つ下のランクから再スタートです。一方、パート・アルバイトの場合は、辞める前と同じ時給と職位にします。ぜひ戻ってきてください。大歓迎します。

第7章

ライバルに圧倒的な差をつける店舗戦略

■つぶれない取り組みと仕組みづくり

●お客様に飽きられるからお店がつぶれる

飲食店の8割は5年でつぶれると言われます。なぜ飲食店の8割は5年でつぶれてしまうのか。

私がとくに重要視している要因の1つが、**お客様から飽きられてしまう**こと。

われわれ飲食店がお店を長く続けられるのは、結局のところ、新規のお客様が獲得できて、そうしたお客様がお店の「ファン」になり、定期的に繰り返し通ってくださるから成り立っています。そうした「ファン」になってくださるお客様をつくれない、あるいは一度はファンになってくださったお客様に飽きられてしまう。その結果、来店してくださるお客様が減っていき、売上が減少していきつぶれてしまうのが現実です。

その際にポイントとなるのが、どういう層に「ファン」となっていただきたいか、です。つまり、自分たちの店のメインターゲットをどこに設定するか。

きん太の場合は、地域に住んでいらっしゃる**ファミリー層**です。そのため出店するのは、あくまでも**ロードサイド**（交通量の多い幹線道路沿い）。大都市の中心街への出店は徹底的に避けています（過去に一度出店し、失敗しました）。

そうした家族連れのお客様たちにファンになっていただき、「家族で外食する」ときに、「今日はどこへ食べにいく？」「焼肉？　お寿司？　中華？　それか、きん太？」「きん太にする」と言ってくださり、ご家族で来店していただける。

もちろん、ご家族で外食されるというのは、それほど頻繁ではないと思います。また、外食のたびに、毎回、きん太を思い出していただけることもまずないでしょう。

実際、多くのご家庭では、暗黙の了解で外食の際によく使うお気に入りの店が3つか

4つあり、外食する際には、「今日は□▽寿司の××店に行こう」「今日は焼肉○◆の△△店に行こう」という具合にローテーションをグルグル回しています。なので、きん太にご来店いただけるのは、せいぜい2カ月に1回とか、3カ月に1回といったところでしょう。ですが、それでいいのです。

現在、25店舗ありますが、それぞれの出店エリアにおいて、こうした頻度で通ってくださるご家族の数をできるだけ増やしていく。これこそが家族の方々に利用していただける動機づくりです。

具体的には、私たちがメインターゲットにしているファミリー層のお客様に**「定期的に何度も来たい」と思ってもらえる店づくり**をしていくことです。

私の方針は、同じお客様に何度も利用していただくことを信念としています。それによって、地域社会に対して貢献していかなければならないと思っています。

■「感じのいいスタッフ」と「気持ちのいい接客」をつくる仕組み

●「接客力」と「商品力」でライバルを圧倒する

私が「店づくり」においてもっとも大切にしているのが、**接客力**と**商品力**です。

「きん太には元気なスタッフがたくさんいる」（接客力）
「きん太に食べにいくと、気持ちのいい接客を受けられる」（接客力）
「きん太は行くたびに、季節メニューがあり、毎回、ワクワクする」（商品力）
「半額や割引のクーポン商品がいくつもあるので、お得感がある」（商品力）

……こんな具合に、お客様に満足していただける接客と商品をつねに提供し、この部分では決してライバルたちに負けないつもりでいます。

そのために、全社を挙げてつねに接客力と商品力を強化し続けています。「接客と商品には決して手を抜くな」とつねに言い続けていますし、それらの強化のために教育費をかけることは惜しみません。

では、接客力と商品力の強化のために何を行っているのか。

この項では、「接客力」強化についての取り組みについて述べていきます。

●「ミツバチ作戦」でお客様と積極的に会話し推奨する

ミツバチは、美味しそうな花の蜜を求めて、花から花へと移動します。お客様へ季節商品を推奨したり、生ビールをお勧めすることを**「ミツバチ作戦」**と呼んでいます。

また、その際にお客様と会話し、コミュニケーションをとることで、親近感をつくる取り組みです。

従業員がお客様のところに伺い、**「きん太総本店の甲斐《かい》です。夏メニューの壺《つぼ》カル**

気持ちのいい接客でお客様との接点をたくさんつくる

ビがお薦めです。一度ご賞味していただけませんか?」という具合にその時期の季節商品を推奨し、**「生ビールのおかわりはいかがですか?」**など推奨させていただきます。

お客様との接触回数が多いと親密な関係が築けると言われます。お客様との接点を持つことで、親近感を抱いていただくことが目的です。

多くの飲食店では、お客様に推奨販売を行っていません。しかし、飲食店は「箱もの商売」です。会社の営業マンのように、外へ出て多くのお客様に営業することはできません。**着席されたお客様に推奨する仕組みをつくり「豚玉はどうですか?」「生ビールおかわりはいかがですか?」「デザートはどうですか?」と何度もアプローチし、推奨することが正しい**と私は考えます。

もちろん結果は、お客様の判断にゆだねられますが、推奨しないことには始まりません。教育された従業員が、笑顔で自信を持って推奨すれば、ご注文されるお客様は一定数いらっしゃいます。そこで高い安いと言われることはありませんし、感動を与えることもできます。

また、こちらが推奨した商品を注文してくださったお客様には、「ご注文いただいた、壺カルビ、お味はいかがでしたか？　商品開発に報告しておきますので、ご感想をお聞かせいただけませんか？」と聞くこともできます。

今の時代、多くのお店でお客様はご注文をタッチパネルで行います（きん太も同じです）。だからこそ、お料理やお飲み物をお届けするときはもちろん、タイミングを見計らってお客様と接触回数を増やし、推奨しなさいと指導しています。

そのため各店舗では、断るお客様、考えるお客様、注文されるお客様、さまざまなお客様を想定して、お客様に不快感を与えず気持ちよくお勧めするためのロールプレイングを繰り返し行い、その際、動画を撮り、お客様役、スタッフ役、両方の目線から動画を確認させて、お客様から見てどうか、気づかせる教育をしています。

■ファミリー層に好まれるアルバイトの仕組み

●若くて明るいイメージでファミリー層に訴求する

そのほか、接客の戦略の1つとして、できるだけ**「高校生」のパート・アルバイト**の採用を心掛けています。

理由の1つが、「若いスタッフの多い店」というイメージづくりです。飲食店にはカラーがあると思いますが、きん太の目指すカラーは、「若者たちの若いエネルギーが満ち溢れた元気で明るく機敏なお店」です。これもファミリー層を意識しての戦略です。そうした元気な店のほうが、ファミリー層にとって好まれるからです。

そのため、若さ溢れる10代の若者の採用を積極的に推進しているというわけです。また、高校生だと、長く働いてもらえる可能性があることも理由の1つです。たとえば、高校1年であれば高校時代に3年間、さらにその人が大学や専門学校等に進学すれば、その後、2～4年間、働いてもらえる可能性があります。

長く働いてもらえれば、それだけ店舗業務にも熟知し、貢献してくれます。当然、接客も上手になっていき、こうしたベテランアルバイトがいることは、大きな強みです。

●社員の子どもが働きたいと言ってくることも

高校生を採用するのは「若い人たちの教育をお手伝いしたい、社会に貢献したい」という私の想いでもあります。

きん太で働いてくれる10代から20代前半の若者たちと接していると、最近、その世代のモラルの低さを痛感します。社会常識やマナーの欠如を、何度となく感じられます。

私は、若者たちに常識ある大人として社会に巣立っていってもらいたいという思いがあり、この状況をなんとしても変えていきたいと考えています。

そこで、10代から20代前半の若者をできるだけ採用し、店舗での仕事や研修等を通じて、社会常識や社会人としてのマナー等を身につけてもらっているのです。

それによって「社会人」としての力を身につけていき、1年も働けば、それなりのモラルと社会常識を持った若者に成長していきます。

このような変化は、社長である私にとって、非常に喜ばしいことなのですが、それ以上に喜んでくださるのが、親御さんです。

「きん太でアルバイトをするようになってから、家でもお皿を洗ってくれるようになりました」

「きん太さんのおかげで、挨拶もきちんとできるようになりました」

「最近、しっかり大きな声で『はい』と返事ができるようになって、親としてビックリしています」

こうした喜びの声が書かれた手紙を、アルバイトをしている若者の親御さんからいただくこともしばしばです。

さらに、面白いのが、**きん太でパートで働くお母さんが、わが子にアルバイトを勧める**ケースが増えてきていることです。聞けば、「きん太さんで、うちの子もしっかり教育してもらおうと思いまして……」とのこと。

社員の娘さんがアルバイトをしているケースもあります。ブロック部長の平清貴《たいらきよたか》のお嬢さん平七虹《たいらななこ》場合は、平が勧めたというよりは、七虹さんのほうが「パパの働いている会社だから安心だし、食事したときに雰囲気がよさそうだったから」という理由で働き始めたようです。

平いわく、「すごく明るくなって、人とよりコミュニケーションがとれるようになった感じがします」とのことで、教育のすごさを実感してくれています。

10代半ばから20代前半くらいの若者たちをアルバイトとしてお預かりして、教育していくことは社会貢献だと感じています。今後も積極的に取り組んでいきます。

■「お客様を飽きさせない」季節商品の仕組み

●季節ごとに8〜10品の新メニューを投入

お客様がご来店され毎回同じメニューだと、必ず飽きます。飽きさせないために、季節商品の販売に取り組んでいます。

こうした商品を提供する上でもっとも大切にしているのは、**「売れる商品」を徹底的に追求していく**ことです。そのため、お客様のニーズの変化に常にアンテナを張り、ニーズに合った商品を開発し、販売し続ける必要があります。そうすることで、同じお客様にご来店していただき、飽きられることなく、長く繰り返し来ていただける可能性が一段と高くなると思っています。

そこで、**季節ごとに約10品の新メニューを開発し、かつ、グランドメニューは1年ごとに更新しています**。

ただ、飽きられずに繰り返し来ていただくには、単に新しいメニューを登場させればいいというわけではありません。「おいしい！」と満足していただける商品を提供しなければ、お客様は「またきん太に行こう」と思ってはいただけません。

そのため、商品開発はさまざまな業務の中でもとりわけ重要なものとなっています。

しかも、最近のお好み焼専門店の傾向として、きん太と同じようにお好み焼に加え鉄板焼も看板に掲げるライバル店が増えてきました。

30年前に、きん太がオープンした頃は、お好み焼屋であればお好み焼1本で勝負しているところが大半でした。それにプラスして鉄板焼も提供するのはかなりレアだったのです。そのため、きん太は、鉄板焼の商品ラインナップも充実させることで他のお好み焼屋と差別化を図ることができていました。

ところが、同じように鉄板焼も提供し始めるお好み焼屋さんが増え、近年は関西エリアのお好み焼屋では、お好み焼と鉄板焼屋の両方を看板に掲げるスタイルが一般的になっています。つまり、「お好み焼だけでなく、鉄板焼も提供しています」というだけでは、ライバルとの差別化は難しくなりつつあるのです。その意味で、お好み焼と鉄板焼、両方の商品開発について力を入れていく必要があるわけです。

●商品開発では、社長が決定する仕組みをつくる

私は接客力と商品力はライバルに負けたくありません。その2つに関しては私が担当です。

といっても、昔のように私がアイデア出しからするわけではなく、そこは担当の社員に任せます。商品開発チームは、中田健《なかたけん》、横田英昭《よこたひであき》、浅井朱里《あさいあかり》、木原優太《きはらゆうた》。チームが開発した試作品を試食して、それぞれに○（採用）、△（採用の可能性あり）、×（不採用）をつけていき、△や○のものについては、提供できるレベルにするまで、素材、調味料の量、調理手順、オペレーションに至るまで、徹底的に細かく指示していきます。

新商品案のこうした試食は**月2回の「商品企画会議」**で行い、商品開発担当者の中田いわく、私がとても厳しいのだとか。

実際、見た目や素材、レシピ、調理プロセス等を見た段階で「却下」だと口にしません。クオリティーは見た目でわかるからです。

とくに、**材料に冷凍食品を用いたレンジアップ系の商品企画はまず通しません**。厨房は全店オープンキッチンになっているので、調理している姿をお客様に見ていただくこともきん太のこだわりの1つです。

そのほか、こだわっているのが、**「外食ならでは」の商品を提供すること**。つまり、手間ヒマだったり、素材だったり、具材の量だったり、調味料のバリエーションだったりで「家庭では真似できない」ものを提供する。それが外食の醍醐味です。せっかくの外食なのに、ご家庭でいつでも食べられるものを提供しても意味がないからです。

商品開発の担当社員には「『外食ならでは』の商品を開発し、提供し続けなさい」と言い続けています。

とはいえ、担当者としては、私の指示を受けつつ、それを実際の店舗で提供でき、かつ利益が出せるように、調理のオペレーションや原価率など、さまざまなことを考えなければいけないわけです。

かなり大変な仕事だと思いますが、自分を鍛え、実力をつけるチャンスでもあります。どんどん試行錯誤して私の無茶ぶりに応えていってもらいたいと思います。

●データを使ってお客様のニーズに合致しているかを徹底分析

いろいろなエネルギーを注いで新商品を開発しているわけですが、「開発したらそれでおしまい」ではありません。開発後も、お客様に楽しんでいただき、飽きられないようにするための作戦を次々と実施していきます。

まず、**メニューブックにどう掲載するか**、です。

「人も商品も見た目が9割」ですから、メニューブックは超一流のカメラマン、超一流のデザイナーにお願いして作成しています。そうした超一流の方々にお願いすることで、美味しそうで、かつ動きのある、いわゆる「シズル感」(美味しさや新鮮さなどが写真等で表現されていて、食欲をそそる感覚)のある写真が、センスよく配置さ

メニューブックはデザイン・写真に徹底的にこだわる

れ、見ているだけでワクワクしてくるメニューブックをつくっています。

さらに、店舗で提供した後は、それが本当にお客様のニーズに合致しているのかといった**データ分析**も行います。

その際に、活用しているのが**「利用率」**という数字。これは、それぞれの商品を、どの程度の方が注文したのかを表した数字のことです。

たとえば、「利用率90%」という場合、お客様10人のうち9人の方が注文してくれた、「利用率10%」という場合、お客様10人のうち一人の方しか注文していただけなかった、となります。

労力をかけて開発した新商品であっても利用率が低い状態が続く場合には、即座に販売中止にします。

また、販促のために割引サービスを行っていますが、割引の対象とする商品をどれにするかといった判断にも、この利用率を活用しています。

■徹底したデータ管理で「ファン」を離さない仕組みのつくり方

●頻繁な割引サービスで「きん太＝お得」の印象づくり

商品力においては、**「価格」**も重要な位置を占めています。

そこで重視しているのが、「こんな美味しいものが、この値段で食べられるの！」と、お客様に驚きと感動を提供することです。

といっても、薄利多売の安売りをしているわけではありません。どちらかというと、その逆です。きん太の場合、他のお好み焼屋さんと比較すると、価格は少し高めです。

最初から安く価格設定するのではなく、さまざまな割引サービスを頻繁に実施することで、お客様に「こんな美味しいものが、この値段で食べられるの！」というお得感

を感じていただけるようにしています。

割引サービスとは、具体的には**10％オフのDM（ダイレクト・メール）ハガキ**だったり、お誕生日月の会員の方にお送りする**20％オフのバースデーDM**だったり、**割引券・半額券つき新聞折込広告やカレンダークーポン**だったりです。

折込広告等の割引券・半額券は、1回のご来店で何枚使用してもOKです（「1回のご来店でお一人様1枚まで」といった制限はありません）。また、折込広告の場合、ご利用いただいたお客様には、ご希望があれば会計の際に、さらにもう1枚お渡しして、次回のご来店時にご利用いただけるようにしています。

こうした割引&半額サービスを大盤振る舞いで行うことで、「きん太＝お得」という印象をお客様に持っていただくとともに、「きん太に行けば何かある！」というワクワク感を感じていただこう、というわけです。

そして面白いことに、「20％オフ」や「半額」となると、人間は懐が大きくなるのか、「20％オフだから、もうちょっと注文しようか」とちょっと多めに注文してくださるお客様も少なくありません。そのため、割引や半額のサービスをたくさん提供しても、

お得なイメージを印象づけるDMハガキ、カレンダークーポン

逆に売上が伸び続けます。頻繁な割引サービスは、結果的に「損して得とれ」の戦略となっているわけです。

こうした割引サービスつきのDMハガキやバースデーDM、折込広告などを、来店を促すツールとしてだけでなく、それ以外の目的でも活用しています。

その1つが、**「お客様にきん太の存在を忘れられないようにする」**ためです。

人でもモノでも、接触回数が多ければ多いほど、私たちはその人やそのモノのことをしっかり覚えているものです。これは、心理学の分野では「ザイオンス効果」（アメリカの心理学者、ロバート・ザイオンスが提唱）と呼ばれていて、接する機会が増えるに従い、記憶に残りやすくなり、さらに親しみも感じやすくなるのだそう。

DMハガキや折込広告が狙っている効果はまさにそれで、ある程度の頻度でお送りすることで、「お好み焼・鉄板焼 きん太」という名前を覚えていただき、願わくば親しみを感じていただこう、というわけです。

なお、最近は若い人は新聞をとっていないため、折込チラシの広告効果は弱くなっています。そのため、従来以上にＤＭハガキを重視する戦略をとっています。店頭でアンケートに答えていただくことで、ハガキを送付する顧客名簿を増やすのです。

●ＤＭハガキのデータを活用して「固定ファン」をつくる仕組み

さらに、ＤＭハガキを、お客様の来店頻度等を管理し、「きん太のファン度」という軸で**お客様を分類させていただくツールとしても活用**しています。

このハガキは会員登録していただいたお客様にお送りするのですが、会員の方ごとに割り振られたバーコードがＤＭハガキに印刷されています。お会計の際、レジでＤＭハガキを提示していただくと、その方が来店されたことやそのときに使ってくださった金額等がデータとして残ります。

こうしたデータに基づいて「きん太へのファン度」という軸で、お客様をいくつかのグループに分類させていただいています。

今のところ、どのグループに属しても、ＤＭハガキを送らせていただく頻度は月に

1回ですが、今後はグループごとにお送りする頻度を変えていくことも検討していま す。

一方、4カ月以上ご来店くださっていないお客様には、会員であってもDMハガキをお送りしません。というのも、以前、会員のお客様がどういうサイクルでご来店されるかのデータを取ったところ、4カ月以上ご来店されていないお客様の場合、その後に来店される確率がぐっと下がっている結果が出ました。

そこで、DMハガキをお送りするか否かの線引きを「4カ月」とさせていただいているわけです。

あまり関心のないお客様に対して、DMハガキ等を使ってアピールし、「振り向いていただく」のも、販促としては「あり」でしょう。ただ、これは、注いだエネルギーに対して、それほどの効果が期待できません。つまり、費用対効果が悪い。

それよりも、すでにファンになってくださっているお客様に、さらに強力な「固定ファン」になっていただくため、たっぷりのエネルギーを注ぐ。このほうがはるかに効果が期待できます。

ファン度の高いお客様を徹底的に優遇するのです。

2013年以来、8年連続で毎年10％の売上アップを記録している要因として、こうしたDMハガキを活用した「固定ファン」づくりが非常に大きい。

実際、この**DMハガキによる集客で年間8〜9億円の売上をつくっています**。現在、全体の売上が27億円ですから、DMハガキはそのうちの30％以上を占めているわけです。固定ファンづくりの販促ツールとしてDMハガキがいかに強力かを実感します。

■きん太はなぜ、アナログな「ハガキ」にこだわるのか

●お客様は「メール」よりも「ハガキ」に反応してくれる

前項でDMハガキの活用方法について述べましたが、当社では「メール」や「SNS」などよりも、「ハガキ」を使っての集客を重視しています（SNSは販促ツールとして活用しています）。

なぜ、「ハガキ」を重視するのか。

それは、**宛名の人の手元に確実に届き、かつその人にきちんと読んでもらえる確率が高いから**です。

たとえば、あるご家庭でご主人宛にハガキが届いたとき、奥さんやお子さんがそれ

を捨てることはないと思います。きちんと本人に渡してくれるはずです。これは、奥さん宛であっても、お子さん宛であっても同じだと思います。

さらに、受け取ったご本人も、「20％オフ」の文字を見れば、「おっ」と目を通してくれる確率が高くなります。きん太を愛用してくださっているお客様であれば、「明日にでも行くか」とそのままご来店につながるかもしれません。

一方、すぐのご来店にはつながらなくても、割引サービス付きの「ハガキ」であれば、そのまま取って置いていただける可能性が高く、手紙やハガキ類を整理する際に、もう1回、見ていただけます。そして、「おっと、来週いっぱいが有効期限だ。今週末、家族で行くか」と来店につなげていただけるかもしれません。

それに対して、SNSやメールを見ていただけるのは一瞬です。しかも、一度見たら、よほど気になる情報が書いていない限り、なかなか見返してはいただけません。

さらに、SNS上には毎日たくさんの情報が流れていますし、メールにしても、みなさん、毎日、大量のメールを受け取っていらっしゃいます。そうした中にあっては、こちらがそれぞれのメディアの特徴に合わせてしっかりと戦略を練ってお客様にご案内をお送りしていかないと、たくさんの情報の中に埋もれてしまうのがオチです。

●1枚62円のハガキがもたらす、ものすごい効果

こうしたことを考えると、DMハガキというアナログな方法のほうが、はるかに効率的で、かつ来店を誘引するツールとしては非常に有効だと私は考えているのです。

しかも、このハガキは、前項でも述べた通り、年間8~9億円の売上をつくり出してくれているわけです。

それが、1枚62円でできてしまう。言ってみればこれは、エビで鯛を釣るようなものです。

時代の変化に合わせてSNSなどのデジタルツールも、必要に応じて活用していきつつ、DMハガキというアナログなツールも大いに活用しているのです。

おわりに

2010年から会社の大改革に着手し、気がつけば10年以上が経ちました。

その間、武蔵野の小山昇社長からは本当に多くのことを学ばせていただきました。環境整備や経営計画書、人事評価制度、就業規則といった会社組織に関わること、社員教育の重要性やその方法、社員とのコミュニケーションの仕方、店舗戦略の具体的方法……。教わったことを挙げていけばキリがありません。

私が学んだことを一言で言うならば、「真似」でした。

武蔵野が提供するサービスはすべて、自社で取り組んで成果が出たことです。

小山社長は「真似は最高の創造であり、最高の戦略である」と言われ、会員企業に「武蔵野の真似をしなさい」と指導をされています。

それは、武蔵野自体も、他社の真似をして成長してきたからです。

最初は、真似をして成果が出ると私自身、思っていませんでした。

しかも、この真似は、武蔵野がやっていることをそのままコピーすることが求められます。まったく同じことをやらなければ成果が出ないからです。しかし、これが非常に難しい。環境整備に取り組んで成果が出たのは4年目から。最初の3年間成果が出なかったのは、真似をすることができなかったからです。

なぜ、できなかったか。それは組織の価値観が揃っていなかったからだと気づきました。働く人の価値観が揃い、共通の認識が生まれ、統一して行動できなければ忠実に真似をすることはできません。真似をするためには、まず組織の土壌を耕さなければならないのです。そして、社員の価値観を揃えるには、同じことを何度も何度も繰り返し教育する必要があるのです。

このように私は、武蔵野で高いお金を払い、真似の仕方を学びました。

そして、真似の仕方を学び、真似ができるようになると、おのずと成果、すなわち利益がついてくるようになりました。

目に見える成果としては、**毎年10%も売上がアップし続けていること**でしょう。

そして、こうした会社の成長を下支えしているのが、年々レベルアップするテイルの**「働きやすさ」**ではないだろうかと考えています。

顧客満足度（以下、CS）のアップは、従業員満足度（以下、ES）のアップがあって可能になります。

テイルでは、環境整備や人事評価制度、7日連続の長期休暇制度、各種懇親会など、ESのアップにつながるさまざまな制度を導入・実践してきました。その結果、コミュニケーションアンケートを実施しても、年ごとに、ESが上がっているのを実感しています。また、それと比例するように、会社も成長し続けています。

ESのアップがCSのアップを可能にし、売上アップにつながっているのです。

といっても、正直なところ、テイルのレベルはまだまだです。

もちろん、以前よりも、かなり働きやすい会社になったと思いますし、従業員たちのレベルも上がってきたと自負しています。しかし、私が目指す「理想の会社」にはまだまだほど遠い現実があります。

「守破離」という言葉があります。

これは、物事を学び、自分のものにしていくまでの流れを示したもので、最初は師匠から学んだことを忠実に守り、それを確実に見つけていく（守）。次の段階では、師の教え以外にも「よい」と思うものを取り入れていき、自分自身でもいろいろ工夫していく段階（破）。そして最後には自分独自の「やり方」を見つけ出し、師匠から離れる（離）。

この守破離でいえば、テイルの現在のレベルは、まだ「守」と「破」の間ぐらいだと思います。つまり、ようやく自分自身でもいろいろ工夫をし始めた段階です。師匠から離れ、自分独自の「やり方」でやれるようになる「離」の段階にたどり着くには、まだまだたくさんの時間がかかりそうです。

ただ、そのときに私が思うのが、ゴールを急いではいけない、ということ。今のテイルの社員やパート・アルバイトのレベルを見ながら一歩一歩進んでいく。それこそが、会社がさらに成長していくための最短の道だと私は考えています。

経営計画書にも記していますが、テイルが長期的に目指すのは、関西地区を中心とする小さな市場でナンバーワンになることです。つまり、**関西のお好み焼・鉄板焼業界でダントツの存在になること**です。

まずは、関西のお好み焼・鉄板焼業界を制する。そして、最終的な目標は、**日本一のお好み焼屋**です。日本一と言っても、「料理の美味しさ」「お店の綺麗さ」「教育研修費の多さ」「挨拶」など、いろいろな指標があります。また「評価制度」など、すでにこれは一番だろうと自負できるものはいくつかありますが、目指しているのはすべてにおいてナンバーワンになることです。

もちろん山の頂上はまだまだ先にありますし、そこに向かううえでは、順調なときもあれば、今回のコロナ禍のように厳しいときもあるでしょう。だからこそ、先を急がず、組織のエンジンである従業員を大切にして、彼らが自分たちの力を大いに発揮できる働きやすい組織づくりをこれからも続けていくつもりです。

末筆になりましたが、常日頃から当社をご指導いただき、本書への推薦の言葉をお寄せくださった、武蔵野の小山昇社長に心より御礼申し上げます。

そして、いつも「きん太」をご利用くださるお客様、会社を支えてくれている社員、パート、アルバイトのみなさんに厚く感謝申し上げます。


最後に、私の家族に心から感謝します。

2008年、私がくも膜下出血で倒れたとき、立ち直ることができたのは、家族の支えがあったからでした。しかし、仕事仕事の毎日だった私は、当時そのことに気づけなかった。妻に大変な迷惑をかけたことを今でも申し訳なく思っています。しかし、小山社長のカバン持ちをした際に、奥様である泊子様よりアドバイスをいただいたことがきっかけになり、より一層夫婦円満になりました。泊子様には感謝の気持ちしかありません。

社長が経営するのは、会社だけではありません。家庭も経営です。

家庭がうまくいかなければ、会社がうまくいくことはない。

そのことを教えていただいてからは、家族との時間を仕組みによってつくり、円満

「小山会」の仲間たちと

に過ごすことができています。

家族を大切にする——会社経営をするうえでとても重要なことだと思っています。

最後までお読みくださり、ありがとうございます。

株式会社テイル代表取締役社長
金原章悦

家族と

著者紹介

金原章悦（かねはら・しょうえつ）

株式会社テイル代表取締役社長

1968年、京都府出身。京都西高卒業後、京都市内の老舗お好み焼店どんぐりに入店。2年間の修業後、1988年、20歳にて、お好み焼・鉄板焼「きん太」を創業。1997年、「日本一のお好み焼屋」になることを目指し株式会社テイルを設立。「きん太」は関西を中心に京都・大阪・奈良・愛知で合計25店舗の人気チェーン。5年間で8割が閉店に追い込まれるといわれる外食業界のなかで、2013年以降、8年間連続で毎年既存店10%の売上アップを記録し、大きな注目を浴びている。自身は、京都西高時代に甲子園出場を果たし、2008年、京都滋賀オープンゴルフ選手権にてプロアマ戦に出場、ローアマを獲得するなどユニークな経歴でも知られる。家族は、6人の子どもに恵まれ4女2男。京都府城陽市在住。本書は「きん太」を支える人づくりの仕組みをはじめて公開した、待望の1冊。

●お好み焼・鉄板焼「きん太」
https://kinta.co.jp/

●株式会社テイル
https://taeil.jp/

働《はた》きやすい会社《かいしゃ》の仕組《しく》みのつくり方《かた》　〈検印省略〉

2021年 10月 26日 第 1 刷発行

著　者――金原 章悦（かねはら・しょうえつ）
発行者――佐藤 和夫

発行所――株式会社あさ出版
〒171-0022 東京都豊島区南池袋 2-9-9 第一池袋ホワイトビル 6F
電　話 03 (3983) 3225（販売）
03 (3983) 3227（編集）
F A X 03 (3983) 3226
U R L http://www.asa21.com/
E-mail info@asa21.com
振　替 00160-1-720619

印刷・製本 文唱堂印刷株式会社

facebook http://www.facebook.com/asapublishing
twitter http://twitter.com/asapublishing

ISBN978-4-86667-295-3 C2034